CW01336465

© 2015 Rai Com SpA
Rai Eri
Via Umberto Novaro, 18 - 00195 Roma
rai-eri@rai.it
www.eri.rai.it

ISBN 978883971640-8

Grafica e impaginazione
Zampediverse

Stampa
Poligrafici Il Borgo Srl - Bologna

STEFANO CECI

MARADONA
Il sogno di un bambino

A mia madre e mio padre che hanno sopportato tutte le mie follie per Diego. E a tutti i lettori che ameranno questa storia che mi vede rincorrere un sogno che coltivavo fin da bambino: diventare amico fraterno del più grande calciatore di tutti i tempi, Diego Armando Maradona.

Questo sogno lo dedico di vero cuore anche a tutti i bambini che fin da piccoli hanno un sogno nel cassetto: quando credete realmente in qualcosa, non mollate mai.

I sogni possono diventare realtà.

Prefazione

di Diego Armando Maradona

Ho letto questo libro con passione: una storia, avvincente e incredibile, che mi coinvolge personalmente.

L'autore, Stefano Ceci, aveva un unico obiettivo nella vita, conoscere me e diventare mio amico.

Quando prese questa decisione aveva solo dieci anni. Un ragazzino che veniva da un paesello del napoletano, e voleva diventare amico di una star del calcio.

Nessuno avrebbe mai potuto garantirgli o promettergli che il suo sogno di bambino un giorno si sarebbe realizzato. Imperterrito, Stefano ha però impostato solo ed esclusivamente su di esso la sua vita e le sue scelte.

E così, mentre gli altri ragazzi andavano a scuola, facevano sport, uscivano, lui invece studiava tutte le mie mosse e le mie decisioni. Quasi come un serial killer studia la sua vittima... Ma Stefano aveva solo buone intenzioni e la sua era genuina passione, non ossessione.

Nel corso del tempo è diventato un mio caro amico, oggi è un fratello.

D'altronde, fratello gemello già lo era di fatto. Se io pesavo settantatré chili, lui pesava settantatré chili. E quando io diventai obeso, lui diventò obeso. Ha percorso quasi tutta la sua vita al mio fianco, rimanendo sempre legato a me in tanti momenti, specialmente in quelli più bui, compresi soprattutto quelli segnati dalla droga. Un dramma per entrambi, a suo tempo.

Il colmo lo raggiunse quando decise di subire il mio stesso intervento chirurgico di riduzione del tratto intestinale, per l'esattezza un bypass gastrico. Beh, siamo tornati entrambi bellissimi!

Ora Stefano è un uomo e vuole raccontare a tutti quello che lui stesso definisce un «caso sociale», vuole fare in modo che altri giovani conoscano i particolari della sua vita e possano, con l'aiuto del suo esempio, amare il calcio in modo sano, senza farsi stritolare da esso e da tutto ciò che gli ruota intorno.

Io posso dirvi solo una cosa: a un certo punto della mia vita, dovevo decidere se amare od odiare Stefano, perché il suo fanatismo nei miei confronti era arrivato a un punto tale che le mie decisioni dovevano essere estremamente nette e definitive.

Beh, ho deciso per l'amore e oggi ne sono felice. Credo che anche voi finirete col condividere la mia decisione, leggendo questo libro.

Buenos Aires, giugno 2014

Prologo

Caro Diego,

finalmente ce l'ho fatta. Dopo tanto tempo sono riuscito a terminare il libro dove racconto la mia storia al tuo fianco in tutti questi anni. Ti sognavo giorno e notte, fin da bambino. E, come ben sai, ho sempre fatto grandi pazzie e grossi capricci. Da piccolo non facevo che tormentare mio padre perché ogni settimana, puntualmente, mi portasse a vederti giocare con il nostro Napoli. Dovunque. Da grande, poi, ho avuto la fortuna di conoscerti e ti voglio ringraziare immensamente. Io sono sicuro che tu hai capito, hai sentito che il mio affetto nei tuoi confronti è vero, grande, sincero. E per questo oggi mi ritrovo, dopo tredici anni, ancora al tuo fianco.

Insieme abbiamo vissuto momenti esaltanti e sfiorato da vicino il peggio. Ma io rifarei tutto. Senza lasciare niente fuori, neppure gli errori. Perché oggi non sei solo il campione che guardavo dagli spalti, ma un amico fraterno. Del resto, in tutte le tue «passeggiate» in Italia e in Europa, a ogni tuo compleanno e in tante altre occasioni, non c'è tappa che io salti, a nessun costo, pur di essere al tuo fianco. Ricordo sempre con affetto quella frase che mi è rimasta nel cuore: «*El Tano siempre est*á *presente*» (Il Tano c'è sempre)!

Questo libro è un omaggio e la storia del sogno

di un bambino, un sogno che sarebbe potuto rimanere chiuso in un cassetto e invece si è realizzato. Il sogno di poter scrivere, un giorno, queste parole: «Signori, sono il vero amico del più grande calciatore di tutti i tempi, il vero amico di Diego. Nel bene e nel male. Sempre». Per questo ti dico grazie, grazie e ancora grazie, amico mio!

1
Il sogno di un bambino

Dicono che ogni ragazzino abbia un forziere tutto suo di segreti e di tesori. E forse è vero. Il mio amico di banco in quinta elementare aveva una scatola di latta. Ci teneva le carte delle caramelle. Quelle che fanno rumore e ti fanno scoprire, se le scarti di nascosto. Le divideva per colore, le stendeva, le stirava con il palmo della mano e poi le riponeva l'una sopra l'altra in pacchetti da cinquanta.

Un posto segreto ce l'avevo anch'io. Un vecchio quaderno a quadretti. Di quelli con la copertina nera e il dorso rosso, che ora si vedono raramente. Dentro tenevo un ritaglio di giornale. Una foto. La foto di Diego Maradona con i riccioli ribelli, il piglio di chi non è ancora nessuno e già sfida il mondo intero, la sfrontatezza di chi sa che cosa vuole. Era un'immagine in bianco e nero e pure un po' sgranata, con su scritte le sue parole: «Ho due desideri: il primo è partecipare a un Mondiale, il secondo è vincerlo».

In tre righe: il sogno di un ragazzino bravo con il pallone e il progetto di vita di un campione.

Era il 1982. Avevo quasi dieci anni quando in fondo a quella foto misi per iscritto anche il mio sogno. «Caro Diego» scrissi con una matita colorata «io di desiderio ne

ho uno solo: diventare un giorno il tuo migliore amico.»
Era primavera. Mancavano tre mesi a quel Mondiale (Spagna '82) che aspettai con molta più ansia dell'esame di quinta elementare. E quando fu il momento non mi persi una partita, una giocata, di quel campione che a poco a poco stava diventando il mio modello, così come l'Argentina stava diventando la mia Nazionale.

Però cominciammo come peggio non si poteva proprio. Fu contro il Belgio a Barcellona, al Camp Nou, la prima partita. E la perdemmo davanti a novantacinquemila tifosi. Maledizione! Ma come si fa a lasciare Erwin Vandenbergh tutto solo davanti a Fillol? Quello fece gol a mezz'ora dal termine e non ci fu verso di pareggiare. Poi, grazie a due gol di Diego, ci rifacemmo ad Alicante contro l'Ungheria. La terza partita del girone, con El Salvador, non ebbe storia. Argentina avanti e gran festa in casa, tra lo stupore divertito dei miei genitori.

Si sa, il destino ci mette del suo e così il 29 giugno fu il grande giorno: Argentina-Italia. «NOI CONTRO DI VOI», «IO E DIEGO CONTRO L'ITALIA», scrissi su un grosso foglio bianco che attaccai alla porta. A dire il vero, la cosa non piacque troppo ai miei genitori, smarriti e forse pure un poco spaventati da quella mia passione, che a loro sembrava malsana. Perché per me non esisteva che Diego Maradona e, in qualsiasi squadra avesse giocato, io avrei fatto il tifo per quella squadra.

Mi rivedo, seduto accanto a mio padre, davanti a

quel ventotto pollici comprato d'occasione. Come mi sarebbe piaciuto stare là, magari ai bordi del prato del Sarriá di Barcellona. Sognavo, fantasticavo, muovevo le labbra manco conoscessi le parole dell'inno argentino, mentre Diego, Olguin, Fillol, Gallego, Bertoni e tutti gli altri calciatori della squadra cantavano «*Oíd, mortales, el grito sagrado: ¡libertad, libertad, libertad!* (Udite, mortali, il grido sacro. Libertà, libertà, libertà!)» e mostravo orgoglioso la mia T-shirt bianca, sulla quale avevo disegnato con il solito pennarello un enorme «10» e, inconsapevole pioniere del merchandising, anche un bel «MARADONA» in stampatello.

E poi quanti sussulti. Quanta sofferenza a ogni tacchettata di Gentile. Quel Claudio Gentile che, giocasse oggi come giocava allora, forse non finirebbe una partita. Invece Diego, il mio idolo, il mio sogno di ragazzo, cadeva e si rialzava, rotolava sul prato e tornava in piedi, senza mai un sospiro di protesta, una smorfia di dolore. E non finì là, quella giornata di lividi e tormenti. Perché perdemmo. Vinse l'Italia. E ci mise sotto anche il Brasile e fummo fatti fuori dal Mondiale. Zico, Serginho, Junior: peggio non poteva andare.

«Beh, il Mondiale l'ha giocato. Il primo dei suoi due desideri s'è avverato. Per l'altro dovrà solo aver pazienza», disse mio padre arruffandomi i capelli. Dio solo sa quanto mi manca oggi quel suo gesto, quanto mi piacerebbe che potesse ancora farlo.

2
Perché Maradona

Mi sembra di vivere in un sogno: sono in macchina con Diego, a Napoli. Fuori ci sono decine di motorini carichi di persone che allungano il collo per vederlo, che cercano di fermarci per un autografo, un saluto. Arriviamo sul lungomare, la folla ci aspetta, gridano... È come se stessi rivivendo lo scudetto del Napoli. Vicino al mio mito. Il mio amico Maradona. Ma è oggi: il ritorno a Napoli di Diego.

Quante cose sono accadute in questi anni! Mi passano tutte davanti, come se fosse un film. Mi rivedo quando ero un ragazzino, *'nu criaturo*, innamorato pazzo dei suoi gol, dei suoi dribbling, mentre lui neppure sapeva della mia esistenza. E quando l'ho visto per la prima volta da vicino, al San Paolo: il 5 luglio del 1984, il giorno del suo arrivo. Mille lire, il prezzo simbolico di quel biglietto. Poi il primo scudetto: un pezzo d'azzurro cucito addosso. Il secondo. E quando anch'io, come lui, mi sono fatto tatuare una bella faccia di Ernesto Che Guevara sul braccio... Le immagini si susseguono, si accavallano. Io che fumo il sigaro con lui, mi drogo con lui, rido e piango con lui. Soffro con lui. Finisco in carcere come lui. Ed esco dal tunnel come lui e anche grazie a lui. Al mio amico Diego.

Molti mi hanno chiesto: ma perché proprio lui?

Me lo sono chiesto anch'io. Ci sono molti miti, molte forme di attrazione, molte passioni possibili: c'è chi gira il mondo dietro a qualche rockstar, chi fa collezione di bottiglie di birra... Io amo il calcio, l'ho sempre amato. E Maradona era il migliore di tutti. Bastava che toccasse il pallone per trasmettermi delle emozioni. E poi era il simbolo della mia squadra, il Napoli. Forse è anche una questione di latitudine. Io sono uno del Sud e vedere che il più bravo calciatore del mondo aveva lasciato il Barcellona e aveva scelto Napoli e il Napoli, non per esempio una delle squadre milanesi o la Juventus, o il campionato inglese o quello tedesco, me lo aveva fatto sentire più vicino e nello stesso tempo l'aveva reso più mitico. Il dio del pallone giocava nella mia squadra. Nella mia bellissima e dannata città, *Napule mia*!

Come posso dimenticare le soddisfazioni che mi diede battendo la Juventus? E poi quelle magiche punizioni, la gioia di vederlo in campo. Ma anche la sua vita spericolata, le notti brave di cui tutti chiacchieravano, ma in realtà girando lo sguardo, senza saperne nulla, ufficialmente. E anche i momenti più bui. Ero un ragazzo, quando lo vidi entrare con aria spavalda ma con la tristezza negli occhi nel tribunale di Napoli. E quando seppi della sua fuga dalla mia città per volare via dall'Italia, confesso che piansi. Era il primo aprile del 1991, non avevo ancora diciott'anni, ma quell'episodio mi è rimasto scolpito dentro perché è ancora dentro di lui, nel cuore di Diego.

Quando parla di Napoli, racconta sempre che, al suo arrivo in città trovò ad attenderlo sessanta, forse settantamila persone. Tutte volatilizzate nel momento più difficile: «Nell'84 non avevo ancora fatto nulla, ma c'era tanta gente ad aspettarmi. Quando sono andato via, nessuno si è fatto vedere, nessuno mi ha chiesto, neanche al telefono, se avessi bisogno di qualcosa. Eppure avevamo vinto due scudetti, fatto due secondi posti e un terzo in campionato, ottenuto tante belle vittorie nelle Coppe. Questo mi è dispiaciuto, Stefanito».

E chi se lo scorda quel giorno? Prese lo stesso aereo che a volte prendo io, quello che parte a tarda sera da Fiumicino. «Io sono sceso in campo contro il Bayern dopo che mi avevano fatto dodici infiltrazioni perché non stavo bene» ricorda «ma poi sono partito come un ladro, da solo con la mia famiglia.» Mi spiace pensarlo da solo, rammaricato nel lasciare una città che ancora oggi lo adora. Per questo e per tanti altri motivi ho scelto lui. Fin da bambino. Come nella foto che gli ho portato la prima volta che l'ho incontrato. A Cuba, alla Pradera.

3
Cuba

Ero nel dormiveglia, su una brandina ai piedi del letto di mia madre: avevo dovuto cedere la stanza a mia sorella con i suoi due bambini, perché se n'era dovuta andar da casa propria per una serie di vicissitudini, anche giudiziarie, di mio cognato. Da quando mi ero ritrovato di nuovo single dopo il divorzio da mia moglie, una bella ragazza brasiliana con cui il matrimonio era durato sì e no due anni, ero tornato a vivere con la mamma. Così in quelle prime ore del mattino guardavo distrattamente la tivù, accesa su un canale di informazione: non sentivo le parole del giornalista, ma a un certo punto la mia attenzione venne catturata dalla striscia che scorre nella parte bassa. Una notizia mi colpì: Maradona sta male. Ricoverato d'urgenza in ospedale.

Era un'alba di gennaio dell'anno 2000.

Il mio idolo stava male. Che cosa aveva mai fatto? Cos'era successo? mi chiesi confusamente. Ma era troppo presto e non potei evitare di riaddormentarmi. Dopo qualche ora, alle otto e mezzo, mi svegliai e guardai con più attenzione. C'era un'intera pagina di Televideo su quanto era accaduto: spiegava che Diego era stato ricoverato d'urgenza nell'ospedale di Punta del Este, Uruguay, dove era in vacanza, colpito da un attacco cardiaco. E che forse la causa dell'infarto era un eccesso di cocaina.

La verità su quella notizia l'ho scoperta solo dopo qualche anno, come spiegherò più avanti. Intanto, quella vicenda aveva acceso una luce nella mia testa. Come ho detto, ero stato visceralmente tifoso di Diego fin da quando ero piccolo, ma da quando aveva smesso di giocare anche le mie follie si erano come placate. Certo, mi interessava tutto quello che faceva, ma in maniera più *soft*; continuavo a raccogliere e a ritagliare i giornali che parlavano di lui, ma era come se su quella passione fosse sceso un velo. Finché, quasi senza accorgermene, mi ritrovai di nuovo a cercare ogni notizia che lo riguardasse, una foto, un commento, chiedendomi sempre come avrei potuto fare per conoscerlo, per diventare suo amico.

Da anni conservavo tutto quello che lo riguardava in un raccoglitore dalla copertina «azzurro Napoli», di quelli con gli anelli e con le cartelline di plastica trasparente: contenevano tanti ritagli di giornale, foto sbiadite e i vecchi biglietti delle partite di quando lui giocava con il Napoli. Una specie di libro dei ricordi che avevo portato con me di nuovo a casa di mia madre. Lei, un bel giorno, mettendo ordine lo trovò e si rese conto che forse, in fondo, non ero mai cresciuto. Qualche anno dopo mi avrebbe detto: «Certo, se tu avessi fatto per tua moglie solo una piccola parte di quello che fai per Maradona, forse il tuo matrimonio non sarebbe finito».

Col senno di poi, credo proprio che avesse ragione.

Ma torniamo a quella notizia devastante: mi era entrata nella testa come una fissazione, volevo sapere come stava, vederlo, parlargli, toccarlo. Dirgli: «Ti sono vicino, non fare cose che ti possano far male. Io sono amico tuo». Si può quindi immaginare la mia reazione quando, in uno dei ristoranti della mia famiglia, arrivò a cena un gruppetto di amici, che si vedevano per stabilire gli ultimi dettagli per il loro viaggio dell'estate con destinazione Cuba. C'era grande euforia e uno mi disse: «Stefano, perché non vieni pure tu?». E poi, scherzando: «A Cuba c'è anche Diego, magari lo saluti...».

Fu un attimo. Scattai: «A Cuba? Diego?». E decisi: parto anch'io. Appuntamento all'aeroporto di Lamezia Terme dopo quaranta ore. Ma quel viaggio fu una mezza delusione. Non vidi Diego, anche se lo cercai dappertutto, e in particolare nei locali notturni dove sapevo – dai giornali, dal portiere dell'albergo – che lui preferiva trascorrere le serate. Passai ogni notte vagando fra il Macumba, l'Havana Café, la Casa del Pollo, il Florida e il Comodoro. Entravo, mi guardavo intorno, chiedevo da bere e davo una buona mancia sperando di avere qualche dritta, ma senza risultato. Di Maradona nessuna traccia: sembrava dissolto nel nulla. Ma io non mi sarei arreso, sarei tornato a Cuba da solo: ero certo che da qualche parte lo avrei incontrato. Così era scritto.

4
Piacere, Stefano

Diego è a pochi metri, sto per incontrarlo. Dio mio, mi sembra di morire...

Ero emozionatissimo, non mi pareva vero e non sapevo come avevo fatto a percorrere quei pochi metri dall'ingresso. Quando la porta si aprì, pensavo che il mio cuore non avrebbe retto. Eccolo, era lui, Maradona: mi diede subito la mano sinistra, nella destra aveva un bicchiere di Coca Cola e ghiaccio, e quella era proprio la famosa *Mano de Dios* di Mexico '86. Lui era in perfetta forma, all'orecchio sinistro splendevano i due brillanti. Mi sorrise.

Ci incontravamo a Cuba, ma non era stato tutto così semplice. Dopo il primo tentativo fallito, con il peregrinare per locali notturni e le mance ai portieri degli alberghi, avevo deciso che sarei ritornato sull'isola. Gli amici un po' mi avevano preso per pazzo, tentando di dissuadermi, e un po' erano convinti che dietro la scusa di voler incontrare Maradona ci fosse il solito mito cubano: belle *guaglione*, spiagge bianche e sigari *à gogo*. Non capivano che io avevo un chiodo fisso e che si chiamava Diego.

Il mio amico Pierpaolo, pur ascoltandomi con pazienza, non fu incoraggiante. «Figurati se ti riceve» mi disse con aria scettica. Ma io avevo già tutto in mente: avrei portato con me la maglia numero 10 del Napoli, una maglia originale che mi aveva regalato Luigi Ciarlantini, il calciatore del Catanzaro che negli anni di Maradona giocava nel Pescara come libero.

Lo spiegai a Pierpaolo: «Scatto una foto con lui, gli chiedo di autografare la maglia e il tatuaggio che ho deciso di farmi fare sul braccio sinistro prima di partire: poi torno e ti mostro tutto». Il mio amico mi guardò, scosse la testa e sbottò in una bella risata: non ci credeva. Ma io, qualche settimana prima della partenza, entrai nel negozio di tatuaggi di Mario con la foto di Maradona: Diego indossava la maglia del Napoli e aveva un braccio alzato. Ero talmente gasato che neppure sentii gli aghi che mi trafiggevano la pelle: mi sentivo felice, potevo presentarmi a Cuba, al cospetto del mio idolo, con la sua foto sulla pelle. Non importava che al momento il mio braccio fosse rosso e gonfio.

Finiti i preparativi, potei ripartire alla volta di Cuba. Era l'ottobre del 2000: stavolta ero da solo sul volo dell'Iberia. Stavo lasciando l'Italia, dopo aver fatto scalo a Fiumicino. Volando a ottomila metri d'altezza iniziai a scambiare qualche parola con un tizio che veniva da Milano. «Come mai vai a Cuba? Che cosa fai?» Insomma, chiacchiere da viaggio. Ma quando gli spiegai che io ero partito per un motivo particolare, conoscere Maradona, quando gli raccontai della mia grande passione per il mito argentino, quello mi guardò con un sorrisino di scherno.

«Maradona?» ripeté alzando un sopracciglio. «Quello è talmente grasso e malconcio che neppure cammina più.»

La sua supponenza mi diede sui nervi, ma tirai un bel respiro e gli risposi con cortesia.

«Anche se non fosse, vorrei lo stesso incontrarlo. Anzi, di più» dissi con dignità. Non volevo darlo a vedere, ma ci ero rimasto male: riandavo indietro con la memoria, pensavo al Maradona dello scudetto, dei mondiali, dei mille passaggi, dei tantissimi gol da manuale e mi chiedevo: «Possibile che davvero sia ridotto così?».

«Comunque non ce la farai mai a conoscerlo» il milanese scrollò le spalle.

Mi rifiutai di lasciarmi turbare dalla sua spocchia e dal suo disfattismo: era solo invidioso perché «loro» Maradona non lo avevano mai avuto, ne ero certo.

Però, appena sbarcato, fui preso da un attimo di sconforto. Non volli attendere neppure un momento e dal taxi mi feci portare subito al Centro Internacional de Salud «La Pradera», la clinica-albergo dove Diego risiedeva, prima ancora di andare nella casa dove mi sarei stabilito. Niente albergo, stavolta: mi ero fatto affittare un appartamento nella zona nuova della città, sull'elegante Quinta Avenida.

La Pradera si trova in un quartiere nella parte occidentale dell'Avana. È una casa di cura ma anche un hotel di lusso con centro benessere, bello, bianco, tra il verde e i fiori e con una grande piscina. A quanto sapevo, Maradona aveva le sue stanze e se la passava abbastanza bene, anche se era lì perché era stato malissimo: il suo cuore non funzionava neppure a metà. Guardavo quel paradiso, esitando sulla soglia, e pensavo a quanto il mio eroe era stato vicino a non poterlo vedere più: né questo, né altro.

Riscuotendomi da questi pensieri marciai verso la reception e chiesi subito di lui, con l'atteggiamento tipico di certi napoletani che vogliono far credere di essere amici di qualcuno. Non avevo fatto i conti con la signora dietro il banco che mi stoppò subito: «Il signor Maradona non vive qui in albergo, ma ha una casa a parte, se vuole parli con lui» e con un cenno del capo mi indicò una guardia. Stava in piedi davanti a una porta a vetri che, scoprii poi, conduceva alla zona delle villette dove abitava Diego. La signora alla reception mi informò anche del fatto che, solo qualche giorno prima, un giovane che arrivava dal Venezuela per conoscere il campione era rimasto lì seduto ventiquattro ore. Inutilmente.

Ma io ero lì e dovevo provarci.

Avvicinai il *vigilante*, un piccoletto armato che mi arrivava sì e no alla spalla, ma quello mi disse che lì, vicino alla porta, non potevo stare. Stavo per allontanarmi, quando fui fermato da un giovanotto brasiliano che era lì pure lui per curarsi: era cordiale e mi spiegò come funzionava a Cuba. Bisognava ungere un po' le ruote, sganciare una mazzetta: «Passa un po' di soldi al tizio, così vedi che diventa tutto più facile».

Preparai due banconote da dieci dollari e le passai alla guardia. Era l'equivalente di oltre un mese di stipendio per un cubano, ma lui sembrava ancora diffidente e io gli diedi altri dieci dollari e gli mostrai, estraendola dallo zaino, la foto che avevo portato dall'Italia: una vecchia immagine con Diego. Io ero un ragazzino, a quei tempi lui il re di Napoli. L'avevo scattata quasi quindici anni prima, allo stadio San Paolo. Lui la prese, la guardò e, dicendo qualcosa che non capii, si avviò oltre la porta a vetri. Chissà se funziona, pensai, e mi preparai ad aspettare. Dopo pochi minuti, però, la guardia era di ritorno: non aveva più la mia foto e mi disse di averla consegnata a Guillermo Coppola:

«Coppola» spiegò «ha detto che ci vediamo domani alle cinque.»

Lì per lì rimasi stupito e incredulo, ma poi mi dissi: tutto è possibile. Era inutile però montare la guardia fino al giorno dopo, dovevo fidarmi e lasciare che gli eventi facessero il loro corso. Nel frattempo, meglio andare a vedere il mio appartamento.

Qualche mese prima, quando ero arrivato con gli amici calabresi per la vacanza in cui non avrei concluso nulla, avevo però conosciuto un tizio del posto, Alberto, detto il Moro per il colore della pelle. Era uno di quei personaggi che si incontrano dovunque, soprattutto nei Paesi sudamericani. Capace di procurarti una casa, una donna bellissima e disponibile, la coca migliore, ma anche di prenotare un ristorante, di trovare posto in un locale già pieno o di portarti a fare un giro turistico. Una macchinetta che erogava servizi a gettone. Ebbene, al Moro non dissi subito che volevo incontrare Maradona, che lo scopo del mio viaggio era solo quello, perché ero convinto che mi avrebbe spolpato fino all'osso. Ma questo strano personaggio mi avrebbe stupito.

Dato che la guardia della Pradera mi aveva dato appuntamento alle cinque del pomeriggio del giorno dopo, io me ne andai in giro con il Moro che mi faceva da guida. La sera incontrai una bella ragazza mulatta, che finì col seguirmi a casa per una notte di passione: sarà stata l'eccitazione di dover incontrare il «mio» (sì, nella mia testa era già mio amico) Maradona, sarà stata la musica cubana, ma andavo a mille... La ragazza non voleva mollare il Tano italiano. O forse, più prosaicamente, era il fascino dei dollari.

La conobbi alla discoteca del Comodoro, dove mi aveva portato il Moro. Era un albergo a quattro stelle con una sala da ballo gremita fino all'inverosimile, dove, tra la gente che fumava fino a far diventare l'aria torbida, c'erano strepitose ragazze del posto e tanti vecchietti danarosi che arrivavano da mezz'Europa con un solo scopo: un bagno di gioventù, con o senza pilloline azzurre.

Mentre stavamo ballando, il Moro mi presentò un suo amico: si chiamava Pedro ed era una specie di armadio alto due metri, un lanciatore del peso che disse di essere amico del campione di salto in alto Javier Sotomayor, a sua volta amico di Maradona. Così, quando Pedro mi chiese come mai mi trovavo a Cuba, gli dissi che volevo conoscere il dio del pallone. Avevo parlato con il *vigilante* alla Pradera, che mi aveva dato appuntamento per l'indomani...

«Ma no, facciamo una cosa» mi disse Pedro, «Domani andiamo insieme direttamente a casa di Diego.»

Possibile? Mi trovavo di fronte a un mitomane o a un truffatore? Ma il Moro mi rassicurò: Pedro era affidabile. La serata ora mi sembrava più bella, mi lasciai andare alla musica e poi mi rilassai fra le braccia della mia nuova amica cubana.

Ovviamente non avevo fatto i conti con l'avidità del Moro che il giorno dopo, appena mi vide, mi chiese cento dollari, il primo di una lunga serie di *prestiti*. A me non importava nulla del denaro: volevo incontrare Diego a qualunque costo. Dopo che fummo passati a prendere Pedro con l'Audi che avevo noleggiato, iniziammo però una serie di giri divertenti ma inutili, una sorta di cazzeggio cubano in giro fra la Casa de la Música, il Museo de la Revolución, la fabbrica di sigari. Tutti posti interessanti per il turista, ma io volevo solo stare alla Pradera, vicino a Maradona.

Ci arrivammo che era ormai sera. Pedro si fece subito annunciare dalla signora della reception, ma alla Casa 2 dove viveva Diego non rispondeva nessuno. Ero già avvilito, quando sentii gridare il mio nome.

«*Señor* Stefano!» Era la guardia del giorno prima che mi chiamava. «È dalle cinque che ti aspetto, *señor* Stefano» mi disse. «Ormai sono le otto passate!»

Stavo cercando di spiegare, quando Pedro chiese all'uomo di cercargli Coppola e di dirgli che c'era lui, l'amico di Sotomayor. «*Bueno*, torno fra cinque minuti.»

Ma il tempo passava e non accadeva nulla: dieci, venti minuti, mezz'ora. Ero impaziente, mi agitavo, andavo su e giù nella lobby della Pradera. Fremevo, stavo per esplodere, volevo fare qualcosa. Ma che cosa? Ci guardammo in faccia, Pedro, il Moro e io. Fu un attimo: ci alzammo e ci dirigemmo verso la residenza di Diego. La porta a vetri era aperta e incustodita. In seguito, avrei ripensato a quel momento con la sensazione di essermi trovato come dentro un film, senza sapere che cosa aspettarmi.

Poi scorsi un uomo con i capelli bianchi che ci veniva incontro; lo avrei riconosciuto fra mille, l'avevo visto tante volte in tivù: era Guillermo Coppola, proprio lui. Pedro lo vide e iniziò a gridare: «Coppola, Coppola, *soy* Pedro, *soy* Pedro». E allora quella figura dall'apparenza austera alzò una mano per chiamarci e ci fece cenno di raggiungerlo. La guardia era vicino a lui: fra le mani aveva la foto che gli avevo dato, quella di me ragazzino con Diego, e mi indicava a Coppola. Lui guardava l'immagine e sembrava non capire che quello ero proprio io. Sentii il bisogno di dirgli: «Signor Coppola, sono io, a Napoli, tanti anni fa...».

Adesso ricordo tutto come se fosse al rallentatore. Saranno stati pochi attimi, ma a me sembrò un tempo lunghissimo: Coppola disse che di lì a poco sarebbe ritornato a chiamarci, andava ad avvisare Diego della nostra presenza.

Mamma mia. Sto per incontrarlo, adesso potrei pure morire... No, meglio fra un po', pensai.

Ecco, il momento era arrivato. Sentii dei passi. La porta si aprì e apparve «lui». Ero senza parole, alzai lo sguardo e... non era affatto grasso e irriconoscibile come mi aveva detto quel cretino sull'aereo per Cuba, mi sembrava in gran forma, con il solito sorriso smagliante, al lobo sinistro i due orecchini di diamanti.

Mi sentivo un cretino, inebetito, ma riuscii a dirgli: «Diego... stai proprio bene» come se fossi già un suo amico. Lui mi diede la mano, la *Mano de Dios*, sì, quella del gol all'Inghilterra in Messico, ai Mondiali. Che emozione pazzesca. Continuai a guardarlo: era meno grasso di quello che avevo pensato e non aveva gli orribili capelli ossigenati che avevo visto sui giornali.

Maradona si fermò a chiacchierare con Pedro, bevemmo qualcosa, forse una bibita: ero talmente nel pallone che non ricordo quasi nulla di quella conversazione. So solo che tirai fuori dello zaino la maglia numero 10 e un cofanetto che avevo portato in regalo a Diego: era una raccolta di cd di musica napoletana, da Merola a Nino D'Angelo, Roberto Murolo e altri artisti. Ricordo che lo prese e mi ringraziò, ma credo che non l'abbia mai ascoltato e neppure che abbia mai tolto il cellophane dalla confezione. Gli feci firmare la maglietta e mi alzai la manica per mostrargli il tatuaggio che lo raffigurava esultante dopo un gol, poi gli chiesi di farmi un autografo sul braccio, proprio sul bicipite, così avrei potuto farmelo tatuare. Firmò di buon grado. «Da buon napoletano» mi disse. Infine, riuscii anche a farmi scattare una foto insieme con lui sul divano.

Ero al settimo cielo. Era la seconda volta che potevo avere una fotografia vicino al mio idolo, ma stavolta c'era molta più soddisfazione. Tirai fuori infine un pallone della Puma che avevo preso per fare un regalo a mio nipote e gli chiesi di firmarlo. Lui scrisse il suo nome sulla palla, ma poi mi disse che avrebbe voluto tenerlo per sé. Io pensavo che scherzasse, glielo tolsi e lui quasi me lo lanciò addosso, scattando: «Vaffanculo tu e questo pallone». Non ci feci caso più di tanto.

Era passata una mezz'oretta, il mio tempo con Diego alla Pradera era finito, ma mi sentivo già amico suo e sapevo che lo avrei rivisto. Coppola ci accompagnò alla porta. Una volta fuori, il Moro e Pedro mi fecero sborsare altri duecento dollari, un centone a testa che io diedi loro di buon grado. Quei due campavano così, di espedienti; ma, se per loro io ero solo un pollo da spennare, per me loro erano stati la chiave per la porta del paradiso, per consentirmi di esaudire il mio desiderio più grande: conoscere Diego. Dunque, soldi ben spesi.

5
Diego, amico mio

Il secondo viaggio a Cuba meritava di essere raccontato: l'incontro con Diego, la foto, gli autografi, il fatto di averlo cercato, di essere entrato nella sua residenza, di aver bevuto e chiacchierato con lui me lo facevano sentire più vicino. Lo avevo toccato, il mio dio del pallone, avevamo riso e scherzato insieme. Mi pareva impossibile. Il soggiorno cubano aveva avuto anche altri risvolti piacevoli, come la bella *guagliona* che aveva allietato le mie notti.

Così lo raccontai, eccome. Una volta tornato a Catanzaro Lido, andai subito a cercare Pierpaolo, il mio amico scettico sulla possibilità di incontrare Maradona a Cuba. Gliel'avevo promesso: faccio firmare a Diego la maglia, la fotografia e il tatuaggio e mi faccio pure una nuova foto con lui. E così era andata. Inforcai il motorino e mi presentai nel negozio di un amico comune, Tonino Zangari, il macellaio di via Corace. Quando arrivai, Pierpaolo stava uscendo di lì con Pietro Zangari, uno del nostro gruppo. Fermai il motorino e dallo zainetto tirai fuori la maglia del Napoli firmata, poi gli mostrai l'autografo che avevo subito fatto tatuare e infine il pezzo pregiato: la fotografia. Feci tutto in modo un po' teatrale e con studiata lentezza, ma, visto come il mio amico mi aveva sfottuto, ci tenevo particolarmente a sottolineare il risultato!

Pierpaolo rimase ovviamente di stucco e mi disse: «Sei proprio un figlio di puttana». Poi spiegò ai nostri amici quello che era accaduto solo qualche settimana prima, quando ci eravamo incontrati e gli avevo detto che stavo partendo per Cuba per incontrare Maradona, e quello che gli avrei chiesto, e i «trofei» che avevo intenzione di riportare a casa...

«L'ha fatto» diceva Pierpaolo ancora incredulo «l'ha fatto sul serio.»

A quel punto io mi calai ancora di più nel mio ruolo di buffoncello di provincia e descrissi in ogni dettaglio l'incontro con Maradona. A dire il vero, anche con qualche particolare un po' gonfiato.

La voce si sparse in tutta Catanzaro Lido e tutti volevano sentire il racconto di quelle giornate: la farmacista, la vigilessa, gli amici delle medie, i conoscenti. Era un evento, io me ne andavo in giro abbastanza gasato e alla fine ero ormai quasi convinto che Diego e io fossimo ormai legati da un'amicizia vera. Ma non era proprio così. Anzi. Non avevo fatto i conti con le bizze di un campione, e con le comprensibili reticenze di un uomo che nella vita troppo spesso si è dovuto chiedere se chi gli dimostrava amicizia lo facesse per Diego o per Maradona; una persona piena di problemi, di cui molti dovuti all'eccesso di popolarità.

Dopo qualche mese, decisi di ritornare a Cuba: era il gennaio del 2001. Partii con la convinzione che, una volta giunto all'Avana, avrei ritrovato Diego. Stavolta prenotai alla Pradera, anche perché nell'appartamento sulla Quinta Avenida non avrei potuto ripresentarmi: il Moro, invece di pagare la proprietaria con i soldi che gli avevo dato, se li era tenuti per dilapidarli chissà come.

Appena atterrato, cercai subito una cabina telefonica all'interno dell'aeroporto José Martí, presi dal portafogli una banconota da dieci dollari sulla quale avevo segnato il numero di telefono della Casa 2 alla Pradera, e provai a cercare Diego. All'altro capo del filo mi rispose Eduardo, il suo assistente.

«Ciao Eduardo, sono Stefano!»

Silenzio, nessuno parlava.

«Eduardo, sono Stefano, l'italiano.»

«Ah... Stefano, l'italiano» ripeté lui, forse per far sentire a qualcuno che era vicino al telefono.

«Sì, sono Stefano, hai capito?»

«Sì, certo, Stefano.»

«C'è Diego?»

«Hai detto che sei Stefano, l'italiano?» Eduardo mi sembrava incerto, come se stesse aspettando che qualcuno gli dicesse che cosa fare. Poi disse: «Diego non è qui e neppure Guillermo. Stanno pranzando dall'altra parte della casa».

«Va bene» dissi io e riattaccai. Ma c'era qualcosa

che non mi convinceva.

Lasciai passare un paio d'ore e richiamai. Rispose ancora Eduardo, dicendomi stavolta che non c'era nessuno in casa, né Diego né Coppola. Erano usciti. Che strano, sembrava che mi avesse risposto come imbeccato da qualcuno, come se gli avessero detto di non passare le mie telefonate.

Così aspettai di essere in albergo, alla Pradera, e una volta lì chiesi a un ragazzo di cercare Guillermo Coppola, di avvertirlo che Stefano l'italiano era fuori e avrebbe voluto salutarlo: in quel momento arrivò il *vigilante* piccoletto che avevo conosciuto in occasione del mio precedente viaggio. Ci salutammo, gli sganciai venti dollari e ripetei la richiesta: dopo poco quello ritornò e mi disse che Coppola non poteva venire e che «lui» era nervoso e non mi voleva vedere.

Stupito, chiesi all'omino se ne sapesse il motivo.

«Coppola ha detto che è per quel disguido fra te e Maradona» mi rispose.

«Ma quale disguido?» dissi, mentre il mio cervello cominciava a lavorare vorticosamente per cercare di capire di che cosa si trattasse.

E la guardia: «È per quella storia del pallone».

Il pallone? Quale pallone? Certo, quello che non gli avevo voluto lasciare... Non ci potevo credere, ero tornato all'Avana per rivedere il mio amico Maradona e quello non voleva vedermi perché non gli avevo lasciato il pallone destinato a mio nipote! Io avevo creduto che fosse uno scherzo e invece... Possibile, rovinare tutto per una simile idiozia? E adesso? Ero anche dispiaciuto: un campione, un mito che reagisce in modo così piccino?

Ma soprattutto: che cosa dovevo fare? Girare i tacchi e tornarmene in Italia, gridare e dare fuori di matto davanti alla porta a vetri, dicendo che non me ne sarei mai andato se non avessi visto Maradona? Decisi di scegliere un'altra strada: forse in quel momento mi sentivo superiore a Coppola e pure a Maradona.

Avevo portato dall'Italia dei regali per i miei «amici»: un orologio Rolex per Diego, sapevo che gli piacciono tanto, e un accendino per Guillermo Coppola. Un Cartier con inciso il suo nome sui lati. Li presi dalla valigia e li consegnai all'agente, aggiungendo un biglietto con su scritto: «STEFANO VI RINGRAZIA PER LA GRANDE AMICIZIA E LA SQUISITA OSPITALITÀ». Nell'angolino del biglietto feci il disegnino o, meglio, lo scarabocchio di un pallone da calcio.

Ritornai nella mia camera, mi preparai per la sera e uscii per far sbollire la delusione. Andai in giro a divertirmi, per locali e discoteche. Rimorchiai Daniela detta Danys, una bella cubana, e trascorsi la notte con lei. Non volevo pensare a Maradona: a volte gli idoli hanno i piedi d'argilla.

Il giorno dopo, quando mi svegliai, non sapevo davvero che cosa fare, se ripartire, tornare alla carica, aspettare qualche giorno prima di decidere qualunque cosa… Mi alzai, sollevai le tapparelle e, quando entrò la luce, Danys si accorse che sotto la porta c'era un foglietto di carta intestata della Pradera: c'era scritto che qualcuno aveva lasciato un messaggio per me alla reception. Chi diavolo poteva aver saputo che ero proprio lì? Neppure in Italia lo avevo lasciato detto. Comunque mi lavai e mi vestii velocemente, raggiunsi la reception e la signora, con un sorriso, mi riconsegnò il biglietto che il giorno prima avevo mandato a Coppola e a Diego. Lo guardai perplesso e lei allora lo girò dall'altra parte. Lessi un messaggio, la calligrafia non era la mia. C'era scritto: «Ti ringrazio molto per il pensiero che hai avuto, però ieri eravamo molto impegnati. Stasera siamo al Rancho Palco a festeggiare il compleanno di un'amica, ti aspettiamo. Maradona Diego e Coppola Guillermo».

Finalmente una bella notizia! Mi sentivo euforico, il cuore mi balzava in petto, faceva le capriole. Ero impaziente, non vedevo l'ora che arrivasse la sera.

Mi preparai con cura. Chiamai il Moro per farmi accompagnare (ovviamente mi estorse un altro centone), arrivammo insieme al Rancho Palco, un ristorante che sembrava una casa contadina, con i tetti di paglia, immerso in un piccolo bosco con alberi secolari a poca distanza dal Palacio de las Conventiones. Diego e Guillermo erano lì e il Moro, appena li vide, iniziò a gridare come un forsennato.

«Eccoli, eccoli, sono lì!» e indicava Guillermo seduto a un tavolo e Maradona che stava ballando su una canzone di Carlos Santana.

Con Coppola c'erano una dozzina di persone, gli amici di Diego. Il Moro continuava a gridare più forte della musica. Guillermo sembrava accigliato, scosse la sua testa di capelli bianchi, ma poi mi vide e si mise a ridere. «*Venii, venii*» ci disse e chiamò Diego. «*Diegotte, Diegotte, mira qui está* (guarda chi c'è), c'è il Tano». Cioè l'italiano. Intanto io, da buon napoletano, vedendo un cameriere lo bloccai e gli chiesi di portare subito due bottiglie di champagne. Al tavolo di Diego c'erano soltanto birre.

A quel punto iniziammo a bere solo champagne: sette o otto bottiglie. Fu una cena da duemila dollari, si trattava di Bollinger R.D. Extra Brut.

Diego mi sembrava contento, mi abbracciò e mi disse: «Grazie di essere venuto, Stefano, grazie davvero». Del pallone non parlò più.

Mi presentò a tutti gli altri, bevemmo e ballammo insieme. Fu la prima di tante, tantissime serate trascorse con lui, certo quel momento segnò l'inizio di una consuetudine che avrebbe portato all'amicizia. Ma era solo l'inizio. Prove molto ardue ci attendevano.

La serata era appena cominciata. Diego provò a fare degli esercizi, mise qualche bicchiere sulla testa e lo tenne in equilibrio. Come sa fare lui. Si mangiò, si bevve, si ballò, ma una serata con Maradona non poteva certo chiudersi lì al ristorante e così ci spostammo tutti, andammo al Macumba con un folto gruppo di argentini e lì restammo fino all'alba.

Il Macumba era la discoteca più di tendenza dell'Avana. Si trattava di un locale frequentato da bravi ragazzi, figli di papà, dove oggi un drink costa intorno ai dieci dollari e una bottiglia di Havana Club circa cinquanta. La fila all'ingresso era in genere chilometrica, ma i giovani cubani la rispettavano con pazienza ed educazione. E noi eravamo con Maradona, ogni porta si spalancava senza bisogno di fare la fila.

Tornammo a casa, alla Pradera. Diego mi aveva messo a disposizione la Casa 1, quella dove ci si appartava quando si aveva bisogno di intimità, mentre nella Casa 2 vivevano lui e Guillermo. Intanto il Moro, al quale avevo chiesto di andare a prendere Danys, sparì con altri cinquanta dollari che gli avevo dato. Niente Danys, peccato. Avevo voglia di vederla, ma era meglio così: la sua mamma era molto invadente e quasi pensava già che ci fossimo fidanzati!

Il giorno dopo Coppola e Diego dovevano partire per l'Argentina. L'auto era già arrivata, quando Guillermo si sporse dal finestrino e mi disse: «Mi raccomando, la prossima volta porta un altro orologio a Diego, lui ne usa sempre due, gli farà piacere. A me non pensare». Capii che ero stato accettato e fu così che iniziò davvero la mia amicizia con Diego Armando Maradona, *El Pibe de Oro*, il più grande calciatore del mondo. Il campione dei gol impossibili che sapeva incantare interi stadi, il dio del pallone sceso in terra e fatto già santo dai napoletani, che dopo averlo adottato non hanno mai smesso di amarlo.

Certo, la *Mano de Dios*, i gol segnati alla Juventus, tutte le soddisfazioni che diede a Napoli e al Napoli... Ma l'uomo? Se n'era andato via dall'Italia dopo una serie di brutti episodi. Io ero un ragazzino, ma l'eco di certe sue notti brave e dei suoi problemi era arrivata, sia pure dopo molto tempo, anche a me. Ebbene, la serata che diede inizio al bel rapporto che ci ha unito e che ci unisce fu anche l'occasione in cui scoprii quanto era fragile il mio campione, quanto l'uomo fosse infinitamente più vulnerabile del calciatore.

Dopo la discoteca eravamo andati tutti a dormire: incombeva la partenza, ci dovevamo salutare. Guillermo era già pronto, era arrivata davanti alla Pradera l'auto che avrebbe dovuto portarli via e Diego ancora non scendeva dalla sua camera. Coppola gridava, lo chiamava a gran voce. Niente. Alla fine Maradona comparve: la barba incolta, lo sguardo pesante, la borsa a tracolla, un'aria quasi smarrita e tanto triste. Poche ore prima era allegro, socievole, guascone. In quel momento mi fece una grande tenerezza. Avrei voluto abbracciarlo e dirgli: «Diego, che ti succede?». Però quello era il lato triste del campione, la parte buia di Diego. Non potevo assolutamente cambiare la sua vita.

6
Ingiusta detenzione

Nel dicembre 2004 mi feci tredici giorni di carcere, seguiti da sette mesi agli arresti domiciliari, con l'accusa di essere un narcotrafficante internazionale, mentre ero solo un drogato. «ARRESTATO IL GEMELLO DI MARADONA» titolarono i giornali.

«Aldo, se posso fare un saluto speciale a una persona speciale... Al mio miglior amico, Stefano Ceci, e alla sua mamma. Due persone stupende che stanno passando un brutto momento. Ciao, Stefano! *Hasta siempre*! Stai tranquillo, che questo tuo momento difficile sta per finire, vedrai.» Era la voce di Diego Armando Maradona, ospite al *Processo del lunedì* di Aldo Biscardi in uno degli ultimi giorni del maggio 2005: quello che parlava era un Diego rinnovato, dimagrito, dallo sguardo lucido.

Era tornato alla ribalta: solo qualche giorno prima era stato il commentatore d'eccezione per Sky Sport nella finale di Champions, l'assurda partita persa dal Milan contro il Liverpool a Istanbul (il Milan che stava vincendo tre a zero si fa rimontare e perde ai rigori sei a cinque...) e ora stava parlando di me. Mi sembrava impossibile, mi salirono le lacrime agli occhi. Ero talmente commosso che le immagini della tivù mi ballavano davanti. Il mio amico Diego mi dava forza, mi rincuorava e mi faceva sapere che mi voleva bene. Mentre mamma mi dava un buffetto su una spalla, in studio scrosciarono gli applausi. Io ero agli arresti domiciliari, accusato di traffico internazionale di stupefacenti.

Mi avevano preso e sbattuto in carcere il 18 dicembre 2004, avevo trentun anni. Pure Diego ne aveva trentuno quando era stato arrestato, il 21 aprile del 1991, a Buenos Aires. Aveva lasciato Napoli da meno di tre settimane quando finì in una retata antidroga. I poliziotti andarono a prenderlo, con le telecamere delle televisioni al seguito, nell'appartamento di un amico, uno dei tanti. Era strafatto di cocaina e venne accusato di traffico internazionale di stupefacenti. A me toccò lo stesso destino.

Venni accusato di introduzione di droga in Italia, detenzione e trasporto di stupefacenti. Avevo fatto entrare cocaina nel nostro Paese, era in mio possesso e la stavo portando nella mia auto quando mi avevano fermato. Ma io non ero uno spacciatore, ero solo un tossicodipendente. Per di più stupido. Talmente fuori di testa che mi ero spedito la droga dall'Argentina da solo, avevo fatto un pacchetto, chiamato un corriere internazionale e pagato la spedizione. Era la droga per me, per il mio esagerato consumo. Ma quale spaccio!

Perché questo acquisto «all'ingrosso?» Semplice: i prezzi della cocaina in Argentina erano assai più bassi che in Italia: un grammo costava quattro euro, contro gli ottanta che chiedevano qui. Senza contare che per procurarmela, sarei dovuto andare a Napoli, perché nel piccolo paese in cui vivevo, se avessi acquistato droga sul mercato locale, in poco tempo si sarebbe risaputo. Ero comunque talmente fuori di testa che, ogni volta che andavo in Argentina, me ne spedivo attraverso il corriere internazionale un bel quantitativo, oppure me la facevo inviare da alcuni amici che vivevano lì. Non mi serviva per spacciare: io ero solo lo spacciatore di me stesso. Un vero imbecille.

 La mattina del 18 dicembre 2004 mi ero svegliato con un solo pensiero: andare a ritirare il mio pacchetto argentino al fermo deposito del corriere. Mi alzai, feci la doccia, mi vestii e corsi in macchina: attraversai Catanzaro Lido per arrivare al deposito. Ma quella mattina mi sembrava diversa dalle altre, chissà perché. Quando arrivai, notai un fuoristrada color azzurro chiaro: non avrei saputo spiegare il motivo, ma attirò la mia attenzione. Comunque entrai lo stesso, ritirai il pacchettino e mi sentii più tranquillo. Allora ritenevo quella robaccia un'amica! Ma, appena fui uscito dal capannone, ebbi solo il tempo di mettere in moto che un'auto rossa mi tagliò la strada, mi bloccò e mi fece accostare. Le macchine diventarono in un istante quattro, mi sentivo stordito. Erano là per me?

 Dalle auto uscirono otto persone, tutte armate.

Erano poliziotti in abiti borghesi, riconobbi uno di loro. Sì, cercavano proprio me. Avevano avuto una soffiata che parlava di un traffico internazionale di cocaina via corriere. Mi sentivo finito, ma, quando videro che a ritirare il plico proveniente dal Sud America ero stato io, mi sembrò di scorgere sui loro volti un'ombra di delusione. Forse credevano di intercettare qualche boss mafioso, un narcotrafficante vero, e di sequestrare qualche chilo di coca. Invece al volante mi trovavo io, nel pacchettino c'erano cinquanta grammi di «neve» e io ero un drogato e basta. Così non si preoccuparono neppure di perquisire la mia casa o la pizzeria. Non fu una grande operazione: mi fermarono e mi portarono a piazzetta Santa Caterina, negli uffici della Questura.

Mi sembrava di stare vivendo un incubo. Come avrei fatto a dirlo a quella santa donna di mia madre? Gli agenti iniziarono a compilare le solite carte, quelle che si preparano per ogni arresto. Un ispettore con i baffi, che mi conosceva, mi disse:

«Stefano, che cosa posso fare? Io ti devo arrestare».

Lo guardai e pensai soltanto: «Ma se mi portano in galera io come faccio a drogarmi?».

In realtà, in quel periodo ogni mio pensiero era rivolto solo alla neve: mi sentivo una bustina di cocaina da tenere costantemente piena, da rabboccare ogni volta che il livello scendeva. A peggiorare la situazione, mentre mi facevano firmare il verbale del mio arresto, sentii la voce di mia madre: tremava per la preoccupazione. Non me la fecero incontrare, non si poteva. Mi venne un groppo in gola, l'angoscia continuava a salire. Lei chiedeva di me, era stata convocata in Questura con una scusa per evitare che si preoccupasse. Là dentro, la conoscevano per quella brava persona che è.

Io fui tradotto nel carcere di Siano con altri seicentocinquanta detenuti: i poliziotti avevano già capito che ero solo un tossico talmente scemo da farsi mandare la cocaina via corriere, tanto che mi portarono via addirittura senza manette, fatto questo che non piacque agli agenti della polizia penitenziaria che stavano all'accettazione. Ma dove sarei mai potuto scappare? E poi, scemo o no, rischiavo di brutto: il mio avvocato, quando arrivò in carcere, mi informò che ero stato accusato di traffico internazionale di stupefacenti, un reato per il quale è prevista una pena da otto a vent'anni di galera.

Mi sembrava pazzesco. Non riuscivo a capire che cosa stesse succedendo, perché davvero mi trovassi dentro, e se anche l'avessi capito non sarei riuscito ad accettarlo. Non ero lucido. Come ero finito lì, dietro quelle sbarre? Perché ero stato arrestato? Non avevo mai spacciato niente a nessuno, tranne che a me stesso: poteva bastare questo per finire in carcere? E meno male che avevo chiesto e ottenuto di stare da solo in cella, un buco di pochi metri quadri: tenevo alla mia incolumità e non volevo condividere le mie giornate con nessuno, volevo rimanere da solo, immerso nei miei pensieri.

Comunque, il destino ha sempre i suoi disegni: la cella al piano terra dove ero detenuto aveva il numero 10. Quello della maglia di Maradona. Voleva forse dire qualcosa? Non lo so, ma di certo lì dentro accadde un piccolo miracolo: una volta chiusa alle mie spalle la pesante porta fatta di sbarre, iniziai a pensare a quella prima metà della vita terminata così ingloriosamente. Mi rivolsi a Dio: anche se sono uno *scapocchione*, come dicono dalle mie parti, sono sempre stato un credente. Non avevo mai parlato con Lui, con *El Barba,* come avrebbe detto Diego, con tanta sincerità. Ero fortunato ad avere fede, perché riuscii a non sentirmi solo in quel posto di grande dolore e di grande abiezione. Dio c'è sempre e comunque, in ogni luogo e in ogni dove, per tutti. È proprio così.

Trascorsi in carcere anche la notte della vigilia di Natale, mi sentivo solo come un cane: non avrei mai pensato che potesse sembrarmi così dura una cosa banale come non avere nessuno con cui festeggiare o mangiare il panettone, non avrei mai detto che la mancanza del tradizionale scambio di auguri, che tante volte consideriamo solo una formalità, potesse farmi sentire così vuoto. E inoltre soffrivo per l'astinenza. Eccome se soffrivo. Proprio quella notte mi ritrovai a pensare al momento in cui avevo provato per la prima volta la cocaina. Ovviamente ero con Diego. L'allegria del momento aveva avuto la meglio sul pizzico di paura che provavo, sapendo di fare una cosa sbagliata. Fu una gran cazzata, ma la stavo condividendo con il mio mito, l'idolo dei miei sogni, il mio amico Maradona. Così iniziai a sniffare. Fu l'inizio della fine, anche se vicino a Diego sembrava tutto più bello, più semplice. Le serate di sballo, di risate e di sesso. Quante emozioni, anche se non lo rifarei.

Finalmente, dopo una settimana che stavo a Siano, mi annunciarono che mia madre mi aspettava al colloquio. Ero felice di incontrarla, finalmente, ma da lei non potevo farmi vedere tanto abbattuto: avrei rischiato di farla soffrire troppo. Così mi preparai, indossai la vestaglia e mi mostrai come il solito Stefano, tranquillo, quasi sereno, pronto a scherzare su tutto. Invece ero a pezzi, mi sentivo lacerato dentro, ma riuscii a fingere, sentendomi un attore; così, dopo quell'incontro di un'ora, anche se non ero riuscito a risollevare mia madre almeno non avevo aumentato le sue preoccupazioni. Il momento terribile fu però quando lasciò la sala colloqui e io la vidi allontanarsi. Diventò sempre più piccola fino a scomparire. E io soffrivo da morire, avrei voluto abbandonarmi fra le sue braccia per essere coccolato come quando ero piccino. Invece avevo dovuto fingere di essere un uomo impassibile. C'erano momenti in cui credevo di non farcela, stavo malissimo, mi sentivo in gabbia e disperavo di lasciare presto quel luogo maledetto. Quella del carcere è un'esperienza devastante: non so se sia peggio la privazione della libertà, in un luogo angusto dietro sbarre pesanti, o la sensazione di essere separati, lontani dalle persone a cui si vuole bene. Fuori, poi, il linciaggio morale era stato peggiore di quello che obiettivamente meritassi: i giornali mi avevano dipinto come un incallito narcotrafficante. E infine, l'astinenza dalla droga si sommava al tormento di sentirmi rinchiuso anche nelle mie paure.

Per fortuna c'era anche il mio lato napoletano, quello che mi consentiva di sopravvivere: quando arrivava l'ora del rancio, per esempio. Ci portavano della roba tremenda, ma io dalla mia cella chiamavo gli altri detenuti e dicevo loro di non rifiutare il cibo perché, se ne fosse rimasto abbastanza nelle pentole del carcere, il giorno dopo ce lo avrebbero riproposto, magari cucinato in un'altra maniera... Se proprio non lo volevano, meglio farlo sparire nel cesso!

La mia detenzione durò alla fine tredici giorni, che mi sembrarono tanti di più anche perché coincidevano con le feste natalizie. In quel poco tempo si era sparsa la voce che nella cella numero 10 c'era l'amico di Maradona, così mi arrivavano saluti, c'erano detenuti venuti da Napoli che mi volevano offrire protezione, che mi chiedevano com'era davvero il nostro campione...

Arrivò il 31 dicembre e con la fine dell'anno ebbe

termine anche quella ingiusta detenzione: fu accettata la richiesta di arresti domiciliari presentata dai miei avvocati. Tornavo a casa! Respirai una boccata d'aria fresca, il sapore della libertà, ma durò poco, mi ricordai che non ero affatto libero già nell'auto che mi portava a casa mia. Sarebbe diventata quella la mia nuova prigione per sette mesi. Ero convinto che in un paio di settimane tutto si sarebbe risolto, invece niente. Ma quanto ci mettevano a capire di aver fatto un errore?

In quei duecento giorni e passa di prigionia domestica feci domanda per poter andare a lavorare, ma fu respinta per ben tre volte. Il giudice per le indagini preliminari aveva stabilito che avevo sbagliato e quindi dovevo pagare. Così non mi restava altro da fare che mangiare e pensare, per riempire quelle lunghe giornate in casa. Per fortuna a Catanzaro Lido mi conoscevano tutti e nessuno pensava davvero che potessi essere un trafficante di droga internazionale, così ogni tanto mi affacciavo dal balcone e in tanti passavano per darmi un saluto, c'era anche chi mi portava cornetti caldi. Erano una bontà e mi scaldavano pure il cuore. Alcuni mi gridavano frasi di incoraggiamento nel forte dialetto calabrese; c'era chi passava e mi diceva: «*Stefane', t'aspettamu mo chi scindi* (aspettiamo che scendi)». Loro si rendevano conto che ero solo una vittima, un povero fesso.

I poliziotti, pur sapendo bene che non ero un

pericoloso boss della droga, mi controllavano di continuo: avevo persino imparato a riconoscere, dagli squilli del campanello, di quale pattuglia si trattasse. Venivano giorno e notte, anche più volte. Poi, dopo un po', si diedero una calmata. Almeno fino al 9 giugno del 2005: Maradona era tornato a Napoli per l'addio al calcio di Ciro Ferrara e io non potevo esserci. Schiumavo di rabbia: ero costretto a saltare un appuntamento talmente importante che all'inizio erano stati venduti oltre ventimila biglietti ma, quando si era venuto a sapere che davvero ci sarebbe stato anche Maradona, i botteghini avevano fatto registrare il tutto esaurito. Per la partita al San Paolo c'erano più di sessantamila spettatori. Quel giorno la polizia intensificò i suoi controlli. Ogni tanto suonava il campanello di casa, roba da far saltare i nervi. Dico io: sarò stato anche un drogato scemo, ma non fino al punto di evadere da casa per andare a Napoli allo stadio a vedere Maradona. Sapevo bene che se l'avessi fatto sarei finito dritto dritto di nuovo a Siano, in carcere.

Quindi me ne rimasi rintanato a godere davanti alla tivù per l'abbraccio che i napoletani riservavano a Diego nel Ferrara Day. Ero felice per lui: gli volevano ancora bene, tanto. Avevano issato uno striscione: «DIEGO THE KING». Era lungo quanto la curva. Maradona scese sul terreno del San Paolo, era commosso e dimagrito di una quarantina di chili. Fece un giro di campo e a me, che stavo a casa a centinaia di chilometri di distanza, vennero i brividi. Solo a lui la gente poteva tributare un omaggio così sentito: lo stadio era impazzito, quelli che erano riusciti a sfondare il servizio di sicurezza facevano il giro dietro di lui. Diego aveva le lacrime agli occhi e anche un po' di paura, con tutte quelle persone che lo osannavano e volevano toccarlo, abbracciarlo, fare una foto con lui. Io ero davanti al televisore e facevo il tifo, come quando ero bambino.

Maradona prese il microfono e salutò i napoletani, ringraziò Ferrara per avergli dato la possibilità di tornare a Napoli: «La città e la gente mi mancavano tanto. Oggi mi avete dimostrato che non vi siete dimenticati di me e di questo io e le mie figlie vi ringraziamo di cuore». La gente applaudiva, gridava, io piangevo. Lo stadio era solo per lui. Erano emozionati anche i calciatori scesi in campo per salutare Ciro Ferrara, che a trentott'anni lasciava il calcio giocato. Napoli e Juventus si trovavano di fronte, con le formazioni che avevano attraversato gli anni. Tanti campioni che di fronte a Diego diventavano dei comprimari.

In campo il Napoli dei tempi di Ferrara per la formazione del «Ciuccio», con Alemao, Giordano, Careca, Bruscolotti, De Napoli, Garella e gli altri. Con gli azzurri era sceso in campo Zlatan Ibrahimovic, che ricorda sempre con piacere quella giornata. Con la maglia della Juventus, per la squadra «Vecchia Signora», Zidane, Vialli, Deschamps, Del Piero, Nedved, Buffon,

Conte, Trezeguet fra gli altri. Che giornata. Mi mangiavo le mani, ma che potevo fare? Anche adesso, ogni tanto, quando ne parlo con Diego, lui si commuove: «Napoli al di sopra di tutto» dice «per davvero». Perché lui sa bene che i tifosi argentini lo adorano, ma a Napoli in ogni cuore azzurro c'è un pezzetto che rimarrà per sempre suo. Perfino i bambini che non lo hanno mai visto giocare vengono educati al suo culto, grazie ai video delle sue gesta oppure attraverso internet. Un amore senza fine che lui ha potuto toccare con mano quando è tornato a Napoli nel febbraio 2014.

E io? Chiuso in casa continuavo a mangiare, stavo diventando un pallone a furia di ingoiare bibite gassate e ogni tipo di cibo. Mi muovevo poco, non facevo ginnastica, trascorrevo ore davanti alla televisione, così ingrassavo sempre di più. Proprio come aveva fatto Diego. E più lievitavo più mangiavo. Una tragedia. L'altro mio passatempo era commiserarmi, chiedermi perché proprio io... E se avessi fatto scelte diverse? Se non fossi mai andato a Cuba con i miei amici? E se non avessi mai incontrato il mio idolo? Forse anche lui, nelle ore buie della disperazione per l'arresto, per i malori, si era fatto domande come queste. Io credo proprio di sì.

Finalmente quel brutto periodo si concluse: a luglio vennero revocati gli arresti domiciliari e tornai libero. Certo, si sarebbe dovuto fare il processo, ma ero fiducioso. E due giorni dopo partii per la Romagna, diretto a casa di Salvatore Bagni, tra Gatteo Mare e Cesenatico, dove avrei trovato Maradona. Era snello e in ottima forma. E mi convinse a sottopormi all'operazione di bypass gastrico, la stessa che aveva fatto lui per dimagrire.

7
Alla sbarra

«In bocca al lupo, Stefanito»: il telegramma arrivò il giorno prima del processo che mi vedeva alla sbarra come trafficante internazionale di cocaina. Veniva dall'Argentina, era del mio amico Diego Maradona.

Indossai la giacca, annodai la cravatta: sotto la camicia, però, avevo messo la maglia numero 10 con l'autografo del mio idolo. Stava a contatto della pelle, dei tatuaggi che tanto mi sono cari. Ero pronto, andai in tribunale, era il settembre del 2006. Mi aspettava l'ultima udienza, quella che avrebbe dovuto scagionarmi da accuse gravissime. Ero di nuovo il vecchio Stefano: non sniffavo più da almeno un anno, ero stato operato di bypass gastrico ed ero di nuovo magro. Sbarbato, pettinato, non sembravo e non ero più quel drogato obeso che faceva cazzate, come farsi mandare la cocaina via corriere dal Sudamerica.

Per quell'ultima volta in aula, c'era tanta gente seduta sulle vecchie sedie del Palazzo di giustizia di Catanzaro. Gli amici più cari, qualche parente. Ovviamente i miei legali Arturo Bova e Salvatore Staiano, del Foro di Catanzaro. Il telegramma che mi aveva mandato Diego il giorno prima stava, ripiegato, nella tasca dei pantaloni. Ogni tanto lo toccavo: sapevo già che mi avrebbe portato fortuna. Ne ebbi subito la conferma, perché il pubblico ministero, la dottoressa Isidori, mancava. Con lei avevo avuto qualche confronto serrato nelle udienze precedenti e quell'assenza non mi dispiaceva.

Ero ottimista e convinto che l'accusa infondata di essere un trafficante di droga stesse per cadere, perché stava venendo fuori la verità e cioè che ero solo un consumatore di cocaina. Cronico, come aveva affermato il professor Loris Rivalta, medico di Catanzaro, testimone per la difesa. In aula, Rivalta aveva spiegato che in trentacinque anni di perizie tricologiche eseguite per conto della Procura di Catanzaro non aveva mai trovato un capello come il mio, che dimostrava un consumo di cocaina stratosferico. La perizia, mi avevano spiegato, prevede tre stadi di tossicodipendenza e cioè bassa, media e alta. In quest'ultima fascia il valore medio della tossicodipendenza è di 20. Dal mio capello il valore risultava 29,2. Da record.

Non era una bella cosa, però servì a far capire ai giudici che ero talmente imbottito di droga che quel pacchettino arrivato dal Sudamerica non solo era mio, ma, ahimè, sarebbe durato ben poco, visti i miei livelli di consumo. Ed ero talmente nel pallone che non avrei potuto organizzare nessun traffico. Aveva testimoniato per me anche il mio amico Gianluca, il compagno di tante serate bellissime fino a quando non ero diventato tossicodipendente; poi, come spiegò alla corte, non era più riuscito a gestire la nostra amicizia. Non ero più affidabile, andavo solo alla ricerca di cocaina.

L'udienza ebbe inizio, bisognava sentire il pubblico ministero. Il giudice Camillo Falvo pronunciò le frasi di rito e gli diede la parola. Federico Sergi, questo il suo nome, aveva la voce tipica del fumatore, ma appena iniziò a parlare sembrò musica per le mie orecchie. Per prima cosa disse che mi vedeva diverso rispetto al passato, che gli sembravo uno che avesse svoltato, lasciandosi i brutti momenti alle spalle; una cosa che, a giudicare dai mormorii in aula, in tanti avevano notato.

Il pubblico ministero disse: «Viste le accuse mosse nei confronti dell'imputato Ceci Stefano all'inizio di questo processo, e i relativi risvolti assunti dalla difesa, letta la perizia medica espletata sul Ceci, le indagini fatte dalla procura con risvolti negativi nei confronti dello stesso Ceci, ma soprattutto a vederlo oggi in quest'aula, asserisco con piena certezza che l'imputato ha lasciato dietro di sé tutto il suo burrascoso passato, anche perché lo vedo in una forte forma fisica, ripreso al cento per cento a tutti gli effetti». E poi concluse con la frase di rito, chiedendo «l'assoluzione per il signor Ceci Stefano». Non sapevo ancora se crederci, ma ero felice. Finalmente non mi sentivo additato come un delinquente, stavo bene, non avevo bisogno di sniffare cocaina: ero rientrato in possesso della mia vita.

Al termine della requisitoria del dottor Sergi, toccava ai miei avvocati. Il dottor Staiano si rivolse al suo collega Arturo Bova e gli chiese:

«Avvoca', parlo io o parlate voi?».

Bova mi guardò e disse: «Facciamo parlare Staiano».

E Staiano iniziò proprio collegandosi alla richiesta di assoluzione fatta dal p.m.

«Signor giudice» domandò «vale la pena che io parli, se già il pubblico ministero ha richiesto l'assoluzione per il nostro Stefano?» Ovviamente era solo l'inizio di un'arringa che mi piacque nonostante tutto.

«Signor giudice» continuò l'avvocato Staiano «stiamo qui a discutere di una vicenda che è andata avanti anche troppo a lungo. Nel senso che è talmente chiaro che il mio assistito è innocente... Magari ci fosse stato lei anche in precedenza a giudicare, visto che non è mai stato preso in giusta considerazione né lo stato di incensurato del Ceci e neppure come realmente è accaduto tutto. Ma lo abbiamo visto il signor Ceci?» A questo punto Staiano si fermò, mi guardò e poi continuò: «È qui in aula. Non ha di certo l'aspetto di uno spacciatore. Io non porto l'orologio al polso, lui ne ha due. Lui porta tre orecchini di diamanti e due verette sempre di diamanti su entrambe le mani, per non parlare dei tatuaggi... oggi non si riescono a vedere perché il Ceci è coperto da abiti... Tatuaggi che ritraggono immagini di Fidel Castro, Che Guevara e in più quello del suo idolo, quell'idolo a cui tutto questo è riconducibile. Quell'idolo tanto idealizzato che porta il nome di Diego Armando Maradona». Lo disse scandendo bene le sillabe: Die-go Ar-man-do Ma-ra-do-na.

«Quante persone al mondo» proseguì il mio difensore «avrebbero voluto essere al posto di Stefano e poter dividere questa amicizia con Maradona?». Silenzio. L'avvocato fece un'altra pausa prima di continuare: «Molti, molti, molti, per non dire milioni di tifosi. Ma Stefano ha fatto l'errore di farsi trasportare dal suo grande fanatismo per questo campione. Infatti, al momento dell'arresto, quando il Ceci era completamente nel pallone, assuefatto alla droga e all'ormai consolidata amicizia con Maradona, era completamente uguale a Maradona sia nell'aspetto fisico che nelle movenze e negli atteggiamenti».

Beh, Staiano aveva proprio ragione!

«I referti medici fatti anche dalla psicologa del Sert di Catanzaro, ove il Ceci ha seguito un programma di recupero, hanno asserito che alla base di tutto il Ceci era un tossicodipendente non tanto alla cocaina quanto un tossicodipendente a Diego Armando Maradona.»

«In quel momento» continuò la sua arringa Staiano

«Maradona era malato e Stefano era malato anch'egli, non ha pensato a nulla ma solo a stare vicino al suo campione, un campione conosciuto da tutto il mondo come il più grande calciatore di tutti i tempi, ma debole come persona. La stessa debolezza di Stefano che, pur svolgendo una sua propria professione di ristoratore, una persona dunque inserita nella società, non ha potuto sottrarsi alla debolezza di emulare il suo campione.»

In aula non volava una mosca, erano tutti attenti, in attesa delle conclusioni.

«Concludo brevemente dicendovi che il mio assistito» mi guardò e mi strizzò l'occhio «per me è un cretino, perché posso assicurarvi che, se Diego Armando Maradona si fosse lanciato da un ponte, Stefano l'avrebbe seguito. Concludo nel dire che stiamo parlando di una persona che al momento dell'arresto era una persona malata, e non un trafficante di droga. A conclusione di questo, mi sono stancato e *sbrigiamuni ca mi indaiu e ira.*» Che vuol dire: facciamo presto perché me ne devo andare.

Tutti sorrisero a quest'uscita, compreso il giudice e i cancellieri, Staiano si accomodò, l'avvocato Bova si alzò e disse:

«Il mio collega ha detto la verità dei fatti e io non ho niente da aggiungere».

A quel punto il giudice e i due assistenti si ritirarono per decidere.

Ero ottimista, dopo la richiesta di assoluzione da parte del p.m. e l'arringa del mio avvocato, ma la tensione era comunque alta, in gioco c'era la mia vita. Io sapevo di non essere un delinquente, ma se poi il giudice non avesse voluto crederlo? Ripensai alle parole di Staiano e ai momenti vissuti al fianco di Maradona. Devo dire che la sua diagnosi sul fatto che in realtà la mia droga si chiamava Diego era azzeccata in pieno. Una dipendenza che via via si è trasformata fino ad arrivare all'amicizia forte e leale di oggi. Però, quanti momenti belli abbiamo trascorso: le feste, le risate, le grandi abbuffate di cibo, di sesso e anche di droga. È passato, non faccio più uso di quella robaccia, ma quei momenti non li ho mai rinnegati.

L'attesa non fu particolarmente lunga, la Corte uscì dalla camera di consiglio e rientrò in aula, il giudice lesse la sentenza. Ero assolto con formula piena da ogni accusa per non aver commesso il fatto. Ero libero. Evviva! L'avvocato Staiano mi abbracciò, andai a salutare il giudice Falbo che mi strinse la mano e mi disse:

«Mi raccomando e in bocca al lupo per tutto».

Il giorno dopo i giornali titolavano: «Assolto il gemello di Maradona». Finalmente questa storiaccia si era chiusa.

Mi ha segnato molto, ha provocato una ferita profonda, ma è finita bene. Successivamente ho presentato una richiesta di risarcimento per ingiusta detenzione. Avevamo chiesto mezzo milione di euro, il risarcimento è stato di trentamila, più o meno, con i quali ho coperto una parte delle spese.

8
Amici ciccioni

Diego mi aveva convinto a farmi operare, per dimagrire, quando avevo già smesso di fare uso di cocaina ed ero ancora in attesa del processo.

Eravamo diventati due ciccioni con trenta o quaranta chili di troppo: colpa della vita dissoluta che conducevamo. Era la fine del 2004, l'inizio del 2005 e Diego aveva smesso di drogarsi, ma era grasso, troppo grasso e tutti quei chili rischiavano di fargli davvero male. Era arrivato al punto di detestarsi, di farsi schifo: non voleva neppure guardarsi allo specchio, tanto che, come mi disse dopo molto tempo, era arrivato a pensare di coprire con dei teli ogni superficie che gli rimandasse la sua immagine imbolsita e sciatta. Insomma, era quasi alla depressione. Come me.

Di sicuro, quello strato in più di carne e lardo che non gli era mai appartenuto gli pesava. Eccome se gli pesava, soprattutto psicologicamente, tanto da diventare un pensiero fisso; così un bel giorno decise di fare il grande passo. Il 6 marzo del 2005 fu sottoposto a un intervento chirurgico di applicazione di un bypass gastrico. Come avrei scoperto in seguito, il modo in cui questa operazione permette di dimagrire è semplice: il bypass fa sì che il cibo raggiunga direttamente l'intestino e il paziente si sente sazio pur avendo mangiato molto poco. Diego venne ricoverato in in una clinica colombiana, a Cartagena, per essere operato dal dottor Francisco Holguín, considerato un chirurgo dalle mani magiche: tutto organizzato grazie a un nostro amico, Maurizio, *El Santito de Cali*. L'operazione andò bene, ma Maradona rimase nella casa presa in affitto in un grattacielo di Cartagena per più di un mese e il periodo non fu facile: aveva spesso dolori addominali, anche se non se ne lamentò mai. Era felice come un bambino, magro e bello.

Sembrava tornato giovane: fu così che lo vidi in Romagna, quando andai a trovarlo a casa di Salvatore Bagni. Lui era fresco, in forma, mentre io arrancavo, avevo il fiatone e sudavo, con tutti quei chili in più. Colpa della cocaina, che mi aveva fatto ingrassare senza ritegno: avevo sempre fame, ero diventato vorace. Di notte mi alzavo e svuotavo il frigorifero, di mattina mi abbuffavo a colazione, a pranzo e a cena ancora peggio. Un disastro. E più mangiavo più mi sentivo stanco. Anche dopo che ero uscito dalla dipendenza le cose non erano migliorate, dal punto di vista della forma fisica. Era come se i sette mesi trascorsi fra carcere e arresti domiciliari mi avessero spento. Non mi drogavo più, ma non riuscivo a uscire dal circolo vizioso cibo, divano, letto, di nuovo cibo. Mi stavo avviando alla depressione, fino al giorno in cui incontrai di nuovo Diego.

Prima mi abbracciò, poi mi guardò e disse:

«Tanito, come sei combinato? Che cazzo hai fatto, che aspetti? Fatti operare subito anche tu!».

E io che cosa potevo fare? Il mio amico mi consigliava l'intervento: mi aveva visto davvero male. Non poteva essere altrimenti, ormai ero arrivato a pesare centoquindici chili. Così mi decisi. Del resto avevo seguito Diego nelle scorribande più stupide, mi ero drogato come lui, ero finito nei guai come lui ed ero pure ingrassato allo stesso modo. Se ha fatto lui l'operazione, mi dicevo, posso farla anch'io.

In tanti provarono a dissuadermi, a dirmi che l'intervento è rischioso (è vero, ma le percentuali di rischio sono sicuramente più basse di quelle di un obeso, la cui aspettativa di vita si accorcia di tredici o quattordici anni), che il decorso post operatorio è lungo e doloroso... Tutte cose che già sapevo, ma avevo toccato il fondo, dovevo fare qualcosa. Se ne interessò Diego che mi incoraggiò, parlò al telefono con mia madre un paio di volte e le disse:

«Maria, non ti preoccupare: vedrai che dopo l'intervento Stefano tornerà come prima».

Anche se Diego mi aveva consigliato di farmi operare in Colombia, io decisi di andare a Napoli, un punto fermo della mia vita: mi informai e scoprii che c'era uno specialista ritenuto tra i migliori d'Europa. Da lui mi accompagnò Mario Donisi, l'amico che me l'aveva consigliato, medico al Policlinico Federico II. Lo specialista era il professor Luigi Angrisani, presidente della Federazione mondiale di chirurgia dell'obesità, la Ifso, e direttore all'ospedale San Giovanni Bosco dell'Unità operativa complessa di chirurgia laparoscopica e generale, che questo tipo di intervento lo aveva importato una ventina d'anni prima dagli Stati Uniti. Inoltre era tifoso di Maradona... Insomma, quasi un segno del destino.

Angrisani è simpatico, un napoletano verace, e sa il fatto suo.

«Stefano, non ti preoccupare, ti faccio secco secco» mi disse e con una lavagna mi spiegò l'intervento.

Disegnò un babà e il suo percorso, dal momento in cui lo mettevo in bocca fino a quando tiravo lo scarico del cesso, e mi spiegò che, grazie a una tasca gastrica creata con l'intervento, il cibo avrebbe fatto un percorso più breve, saltando o bypassando quello normale. E che si poteva ridurre lo stomaco fino a una percentuale del novantasei per cento. Me lo spiegò in maniera semplice, in modo che potessi capire.

In ospedale era un periodo tranquillo e in venticinque giorni mi ritrovai in sala operatoria: fui fortunato perché a volte la lista d'attesa è lunga, molto lunga, si parla anche di due anni. Il chirurgo mantenne la parola: diventai davvero secco secco. Certo non è stato facile, l'intervento e il decorso post operatorio sono stati dolorosi come già era successo a Diego, ma come lui io lo rifarei. Dieci, cento, mille volte: perché niente ti può tirare più su di tornare a vederti «normale», senza tutto quel grasso, e dopo un po' di nuovo tonico. Ecco, adesso eravamo di nuovo identici!

9
All'inferno e ritorno

«Gennaio 2000. El Barba ti ha detto no. Dicembre 2000. La gente ti ha detto sì.» Questa scritta l'ho fatta incidere su una targa di bronzo che ho regalato a Diego alcuni anni fa, dopo il sondaggio della Fifa che lo ha eletto Calciatore del secolo. Più che altro è dedicata alla seconda vita di Maradona, alla prima rinascita, quella dopo l'attacco cardiaco di Punta del Este, in Uruguay. Quella notizia che mi aveva scosso nell'animo mentre ero perso nel dormiveglia, a casa di mia madre. Era stato allora che avevo deciso di diventare amico di Diego, anche se neppure lo conoscevo. Ebbene, la verità su quella vicenda me l'ha raccontata molto tempo dopo Guillermo Coppola.

Eravamo a casa di Diego. Tutti e tre a guardare la tivù che mandava in onda l'ennesimo speciale su di lui. Il servizio parlava di tutto un po', ma quando arrivò a raccontare di Punta del Este iniziò a farlo con dovizia di particolari, si vedeva l'ambulanza che era andata a prendere Diego, il ricovero d'urgenza; a quel punto lui si alzò e, scusandosi, se ne andò in camera sua. Fu così che chiesi a Guillermo di raccontarmi che cosa fosse accaduto davvero quel giorno di gennaio del 2000. Lui mi guardò, annuì e cominciò il suo racconto.

«Vedi, Estefano» prese un sorso dal suo bicchiere di Brunello di Montalcino, avevamo quasi finito la bottiglia che avevo portato qualche giorno prima dall'Italia «eravamo con Diego in una casetta vicino al mare e io dovevo assentarmi per fare delle cose in città, così mi sono allontanato. Con lui c'era Ferrito, il nostro assistente, bravissima persona, molto disponibile, che avevo conosciuto qualche tempo prima quando ero in prigione. Sul tavolo c'era un piattino con della cocaina, qualche grammo. Non passa neppure un'ora che Ferrito mi raggiunge in città, è sconvolto. Mi dice di correre a casa perché Diego sta male. Torno di corsa e lo trovo steso sul letto, senza conoscenza».

Mi sembrava di essere là, di essere stato trasportato nel tempo e nello spazio in quella stanza a Punta del Este, nel gennaio 2000, mi sentivo coinvolto emotivamente al punto di vedere Diego perdere conoscenza e Guillermo entrare in casa trafelato. Stringevo i pugni tanto forte che mi feci male con le unghie conficcate nella carne. La chioma bianca accanto a me si sovrappose a quella della mia immagine mentale, in cui lo stesso uomo entrava in casa, apriva la porta, vedeva Maradona disteso e provava a salvarlo.

«Ho subito chiamato il medico» proseguì Guillermo «e mentre aspettavo che arrivasse mi sono ricordato del piattino, l'ho cercato, ma era sparito. Non era più al suo posto. Così ho capito tutto: aveva sniffato tutta la cocaina e aveva avuto un collasso. Inoltre, quella sera Diego mi aveva fatto comprare quasi due chili di una carne con tantissimo grasso per fare l'*asado a la parrilla*, l'arrosto alla griglia, e l'aveva divorata tutta da solo... Non ti nascondo che ero davvero terrorizzato. È arrivato il medico, lo ha visitato, ma Diego non dava segni di vita, non reagiva. Il dottore gli punzecchiava la gamba con un ago, ma niente. Ha riprovato più volte, ancora nessuna reazione. Ero disperato: Diego sembrava andato. Il medico ha chiamato in ospedale per disporre il ricovero immediato, è arrivata l'ambulanza e tutti ci siamo precipitati con lui. Stefano, credimi, Dieguito è arrivato in ospedale in condizioni disperate, lo hanno portato dritto in sala di rianimazione e lì è avvenuto il miracolo. Grazie al lavoro di quell'équipe si è ripreso ed è tornato in vita.» E aggiunse: «Quel giorno Diego per almeno quaranta, cinquanta secondi se ne è andato. È volato in cielo».

Lui, Maradona, la racconta così: «Sono arrivato fino alla porta del paradiso, ho bussato e mi hanno aperto ma non mi hanno voluto. *El Barba* mi dice no no no, tornatene giù a fare casino, qui ancora non ti vogliamo. Vai a rompere gli *huevos* da un'altra parte». Prova a scherzarci, sul fatto che *El Barba* non lo ha voluto, ma lui lo sa bene che è stato acciuffato per i capelli, che si è trattato di un miracolo. Per Guillermo, invece, Diego una volta arrivato in cielo ha cambiato idea, non poteva lasciarlo da solo: «Non poteva stare senza di me, sennò a chi rompeva le scatole?».

In realtà gli si erano spalancate le porte dell'inferno prima ancora di quelle del paradiso: per fortuna, fu un viaggio andata e ritorno. E alla fine di quell'anno la gente, attraverso la grande giuria popolare di internet, lo consacrò come il più grande calciatore del mondo in un sondaggio della Fifa.

Così, quella targa che gli avevo regalato ebbe un posto d'onore nella sua casa cubana: nel salotto, sopra il televisore. A un certo punto infatti Diego decise di trasferirsi a Cuba, dal suo amico Fidel Castro, lasciando temporaneamente l'amata Argentina: lì nel suo Paese erano troppe le pressioni, stampa e tivù gli stavano sempre addosso come ai tempi del Napoli dello scudetto, la polizia lo controllava. A Cuba, invece, poteva stare tranquillo nonostante i tanti problemi – l'embargo, la povertà... – e se pure si fermava per strada non veniva assalito per un autografo o un'intervista. E la mia targa gli serviva a ricordare e magari a esorcizzare quel brutto momento, per fortuna superato.

10
Io, Diego, la droga

«A quei ragazzi caduti nella rete della droga voglio dire: fate sport. Dedicatevi a qualche disciplina che vi faccia stare all'aperto. Al calcio, se possibile, perché il calcio è il più bello degli sport. Io ci sono passato. So di che cosa parlo: per questo voglio ricordare a tutti che la vita non dura un giorno solo, che è lunga e merita di essere vissuta. Io l'ho capito e da molto tempo non mi avveleno più. Non mi uccido più.»

(Diego Armando Maradona, Napoli, 26 febbraio 2013)

Stanco, l'incontro con la morte ancora negli occhi, Diego decise di stabilirsi a Cuba, alla Pradera, dove io l'avrei conosciuto. Quella scelta, secondo Guillermo Coppola, fu uno sbaglio, perché in questa ex scuola diventata una clinica-albergo specializzata in malattie cardiache venivano curate anche altre patologie. Così erano ricoverati malati che arrivavano da ogni parte del Sud America e fra di loro, fingendosi pazienti, nei primi tempi c'erano spesso giornalisti. Passeggiavano nei viali della Pradera per strappare al campione argentino una chiacchierata da sbattere sui giornali o cercavano di scattare una foto esclusiva di Maradona da poter vendere al miglior offerente, con il risultato di continuare a stressarlo. Inoltre, lì dentro lui faceva quello che gli pareva, droga compresa. Passato il primo momento di paura per quello che gli era accaduto nel gennaio del 2000, Diego continuò con la sua vita spericolata anche mentre era nella clinica-albergo.

Quando lo incontrai, io non sapevo ancora quanto sia devastante quella sostanza che si chiama cocaina: i suoi effetti, il modo in cui ti irretisce e poi ti fotte. Si impadronisce di te e ti rende schiavo mentre pensi di poterla dominare. E io, contagiato dal mio amico, la provai: ero convinto, come tutti quelli che la incontrano, che la polvere bianca potesse essere solo l'estasi di un momento. Da gestire a mio piacimento. Macché!

Era da tempo che Diego faceva uso di cocaina, da prima di arrivare a Napoli, al Napoli: già l'aveva conosciuta in Argentina, poi a Barcellona. Ma fu in Italia che iniziò a esagerare, soprattutto negli ultimi anni napoletani ne consumava quantitativi enormi. Fino a quando fu ufficialmente trovato positivo. In quel periodo un magistrato, come ho letto di recente, voleva addirittura arrestarlo. Ero *'nu guaglione* quando sui giornali finivano le sue avventure con ragazze non tutte perbene, con le piste di neve sui comodini di una stanza d'albergo affacciata sul mare.

Lui che aveva portato il Napoli alle stelle, vincendo gli unici due scudetti, arrivò a toccare il fondo proprio a

Napoli: secondo le cronache del tempo, c'era persino una donna che portava la coca fino al campo per la partitella del giovedì. Le sue notti brave furono dapprima nascoste, poi taciute, infine divennero di dominio pubblico. Finì sotto inchiesta: le sue immagini in tribunale, con la folla di giornalisti all'interno del cortile di Castelcapuano e i tifosi fuori del palazzo, ce le ho ancora negli occhi, come se le stessi guardando ora in televisione. Nel marzo del 1991 si concluse la sua avventura napoletana, ma non quella con la droga.

Chissà quanta cocaina ha sniffato! E io con lui. Soprattutto negli anni di Cuba, fino al 2004. Mi ero ridotto a uno straccio per aver provato a «tirare» per sentirmi ancora più vicino al mio campione. Che cosa stupida. Ci siamo fatti tanta di quella coca da sembrare degli aspirapolvere. Eravamo sempre strafatti. Io ero un tossicodipendente piagnone. Di notte non dormivo se non con due pasticchette che mi aiutavano. La dipendenza mi aveva portato a diventare uno che la mattina si alzava e come prima cosa si faceva una pista. Soltanto in seguito poteva avere inizio la giornata. E che giornata.

Diego, ogni volta che ne parla, rimpiange tutti gli errori fatti mentre era in quelle condizioni, soprattutto gli pesa di non aver goduto dei momenti belli della crescita delle sue figlie, drogato com'era. E io lo seguivo. Perché la droga ci faceva sentire invincibili, potenti, padroni del mondo. All'inizio io ero euforico, pensavo di poter spaccare tutto, poi però arrivava il momento in cui l'effetto passava e allora diventavo triste, piangevo per niente, ero sempre nervoso. E più «pippavo» più era breve l'intervallo di tempo che passava dall'euforia al buio totale. Non si trattava di dipendenza fisica, ma ti prendeva dentro; psicologicamente ero uno schiavo, incatenato a quella schifezza proprio come Diego. Eravamo arrivati ad avere più effetti collaterali che piacere: l'insonnia, la depressione, l'ansia, la paranoia, una sensazione di impotenza, per non parlare del fatto che spesso ci beccavamo un'influenza, un'infezione, per via dell'indebolimento delle difese immunitarie. E altrettanto duro sarebbe stato uscirne.

Anni bui che trovarono una fine – e un nuovo inizio – nel 2004. Il 19 aprile. Io non ero in Argentina ma a casa, a Catanzaro Lido. Avevo sentito il mio amico al telefono. Aveva una voce diversa, mi sembrava un po' stanco, ma non ci feci caso più di tanto: Maradona conduceva una vita faticosa, faceva mille cose insieme, era sempre impegnato. E poi lui il suo fisico lo ha sempre strapazzato, ma non mi sembrava che ci fosse da preoccuparsi.

Invece, sì.

Avevo sentito Diego da qualche ora, quando mi telefonò un amico giornalista, Ciccio Marolda: era in redazione e un'agenzia aveva riferito che «il campione argentino Diego Armando Maradona è stato ricoverato dopo aver assistito alla partita del Boca Juniors». Maledizione, cosa era successo? Diego ricoverato! Non potevo e non volevo crederci. Chiamai subito in Argentina. Era proprio vero.

Ero sconvolto, angosciato. Dovevo decidere se prendere il primo aereo utile per volare dal mio amico che stava male. Ma che aiuto avrei potuto dargli? Già mi vedevo a rompere le palle ai medici e chiedere ogni due minuti come andava, a preoccuparmi di ogni cosa, anche delle più inutili. Io volevo invece rendermi utile, così decisi di rimanere in Italia. Meglio. Tutti mi avrebbero chiesto sue notizie e io avrei potuto proteggerlo. E così feci. Già la sera mi intervistarono in televisione, alla *Domenica sportiva*, sulla Rai. C'erano Giampiero Galeazzi e Franco Lauro. Ero in diretta, collegato da casa mia. Fuori stava piovendo, un temporale violentissimo. Vedevo scendere cascate d'acqua da dietro la finestra, sentivo il rumore della pioggia in un orecchio, la voce dei conduttori attraverso l'auricolare nell'altro. Io ero il punto di riferimento italiano per Diego, così mi chiesero subito se avessi notizie, come stesse, quali fossero le sue condizioni. E io sminuii la questione droga, spiegai che si trattava di una broncopolmonite mal curata che aveva spinto il suo staff a optare per il ricovero in ospedale. Solo questo. Una situazione sotto controllo. Non si parlò mai di cocaina. A mio modo lo protessi, non mi andava che mostrassero di nuovo le vecchie immagini di Maradona con gli occhi impauriti dai flash che mi avevano colpito da ragazzino, non volevo che si dicesse che era un drogato o che aveva avuto un'overdose di cocaina. Sarebbe stato anche un po' come dirlo di me stesso. Anche se era vero. E comunque mi sembrò la migliore cosa da fare. La mattina dopo la trasmissione mi telefonò anche Gianni Minà, grande giornalista e grande persona, che mi fece i complimenti per l'intervento della sera prima. Era necessario, mi disse, «mettere un coperchio sopra la pentola». Ed è ciò che fecero tutti in Argentina, dove i motivi del ricovero erano riportati in modo diverso da giornale a giornale e dove, grazie al suo medico Alfredo Cahe che lo fece ricoverare quasi contro la sua volontà, Diego si salvò.

Avevo tanto temuto che fosse la fine del mito, soprattutto dell'uomo, dell'amico. Sembrava davvero che la favola che aveva avuto inizio il 30 ottobre del 1960 al secondo piano del Policlinico Evita di Lanús, un sobborgo di Buenos Aires, stesse per terminare.

Invece dopo qualche giorno, il 23 aprile, venne staccato il respiratore automatico e Maradona poté respirare da solo: rimase in terapia intensiva, ma solo per poco tempo, perché il 29 dello stesso mese fu addirittura dimesso. E già ai primi di maggio tornò a vivere a Cuba. Mi sembrò un altro miracolo, ancora una volta *El Barba* non lo aveva voluto. Evviva!

Anche Diego, come mi ha poi confidato, aveva

avuto paura, una paura di morire così grande che smise di drogarsi. E dal 18 aprile del 2004 non ha toccato più un grammo di coca. Aveva finalmente capito quanto era preziosa la vita e che l'avrebbe perduta se fosse andato avanti con quella schifezza. In tanti hanno detto che aveva smesso di drogarsi per amore di Dalma e Giannina. Non è proprio così, io credo. Lui adora le sue figlie, ha i loro nomi tatuati sulla pelle, ma in realtà è stato l'istinto di conservazione a salvarlo, a fargli dire di no definitivamente alla droga. E grazie a questo può godere ancora, spero davvero tanto a lungo, dell'amore delle sue ragazze.

Uscire dalla droga non è stato facile, anzi. Abbiamo gettato il nostro tempo e tanti soldi nella cocaina. Per non parlare della salute. Però sono convinto che fin quando hai il portafoglio pieno e sai dove trovarla sia quasi impossibile riuscire a smettere, a meno che non intervenga qualcosa di grosso come un evento traumatico. Per Maradona fu l'infarto, si trovò a tu per tu con la morte. Per me «bastò» l'arresto. È come se ci volesse uno choc per riuscire a decidere di fermarsi, altrimenti il drogato non capisce. E noi eravamo dei drogati.

Ancora oggi, in ogni occasione, lo ripeto a tutti i giovani che conosco, ai ragazzini che mi chiedono di Diego come ai figli dei parenti e degli amici: «Non fate quello che ho fatto io, è stata una stronzata che ho pagato cara». Io mi sono identificato a tal punto con Maradona che facevo quello che faceva lui: lui si drogava e io mi drogavo, lui ingrassava e io pure... Capisco l'amore per il proprio idolo, ma quello che ho fatto io, come l'ho fatto io, era sbagliato. E dire che fino ai ventisei anni non mi ero mai drogato, neppure uno spinello. Poi in breve tempo diventai un tossico cronico. Mi sono chiesto spesso perché sia accaduto. Io l'ho fatto per Diego, ho cominciato così. Non certo perché me lo avesse chiesto lui, sgomberiamo il campo da ogni pensiero del genere. L'ho fatto per lui, ma è colpa mia.

Avevo un sogno, diventare suo amico, e ho fatto ogni cosa per poterlo realizzare. Ma il mio idolo quando l'ho conosciuto era un tossicodipendente, una persona debole e malata, e io ho scelto di diventare come lui per stargli vicino. Sbagliando? Sì. Ma mi sembrava impossibile girare le spalle, o anche solo giudicarlo con distacco, magari guardandolo dall'alto in basso. Ricordo che molte volte, entrando nella sua stanza, trovavo il mio campione stremato, addormentato sul pavimento, messo k.o. dalla cocaina e dalle lunghe giornate trascorse sveglio. E io? Io quando lo trovavo così non esitavo nemmeno un secondo, lo cingevo a fatica con le braccia e lo trascinavo sul suo letto per farlo riposare. Mi interessava solo stargli accanto e godere della sua amicizia, anche a costo di diventare pure io come lui: un tossico, un malato. Io ero drogato, sì, ma ero drogato di Maradona. Pur di essere suo amico ero arrivato al punto che non mi importava di star male, di perdere la salute. Stavo realizzando il mio sogno, ma lo stavo pagando molto caro.

Fra l'altro, in quel periodo i cosiddetti amici lo stavano mollando. Finché era il campione che tutto poteva, che splendeva come un dio, il dio del pallone, allora intorno aveva una folla. Ma, appena si accorsero che il re era nudo, gli voltarono le spalle in tanti. Io invece gli sono restato vicino, e lui questo oggi lo sa molto bene: a distanza di tanti anni sono uno dei pochi rimasti al fianco del grande Diego. Non volevo nulla da lui, solo il suo affetto, la sua stima. Andavo a trovarlo ogni volta che potevo: in un anno, il 2003, ho attraversato l'Atlantico otto, nove volte. Arrivavo a Cuba o in Argentina e mi trattenevo il più a lungo possibile. Poi ripartivo, atterravo a Roma, proseguivo per Napoli e in treno fino a Catanzaro Lido. E quando tornavo a casa già pensavo a quando sarei ripartito. Intanto, continuavo ad abbuffarmi di cocaina.

Pensavo a tutto questo, quando Diego venne ricoverato dopo aver assistito alla partita del Boca Juniors. Comunque sia, quell'aprile del 2004 segnò la conclusione di un periodo orribile per lui. I suoi problemi di salute però non finirono certo quel giorno. Aveva smesso di drogarsi, ma nemmeno tre anni dopo, il 29 marzo del 2007, fu ricoverato al Guernes, a Buenos Aires, per un malore. Era ingrassato, beveva e fumava. Tanti sigari Romeo y Julieta. Lui che non aveva mai bevuto, né quando giocava al calcio né dopo, era diventato una vittima dell'alcol. Secondo i medici, i motivi erano chiari: spesso i drogati passano ad assumere alcolici perché è come se mancasse loro qualcosa e bere riempie il vuoto lasciato dalle sostanze stupefacenti. Sostituiscono, di fatto, una dipendenza con un'altra. E poi chi, come noi due, è stato sottoposto a un intervento di bypass gastrico, che ha accorciato il passaggio del cibo, avverte gli effetti dell'alcol più in fretta. Un cocktail o qualche bicchiere di vino fa lo stesso: entrambi «arrivano» talmente in fretta che ti ubriachi senza neppure accorgertene.

Diego era diventato un alcolizzato. Io stesso l'ho visto bere ogni sera. Una volta si versò una coppa di Dom Pérignon di mattina, appena alzato. Così, dopo le sollecitazioni della cocaina, adesso c'erano gli alcolici a stressare il fegato del mio amico. Insomma, c'era ricaduto: era di nuovo dipendente da qualcosa. Fino a quando il suo medico Alfredo Cahe non lo costrinse al ricovero grazie a un'iniezione. Un potente calmante che ebbe ragione della sua capatosta. Chissà che cosa sarebbe accaduto se il dottor Cahe non lo avesse acciuffato di nuovo per i capelli, ma per fortuna anche quella volta gli andò bene e Diego si disintossicò e si salvò. Anche se con questi atteggiamenti ci ha provato, Maradona non vuole morire. Perché ama la vita, le figlie e ora anche l'adorato nipotino Benjamín, il figlio di Giannina e di Sergio Agüero, *El Kun*.

11
La vita è una giostra

«Sì, viaggiare...»... Messico, Monte Carlo, Colombia, Panama, Cuba, Marsiglia, Cannes, Argentina, Dubai e poi Venezuela, ancora il principato di Monaco, di nuovo L'Avana, finalmente Napoli. Se i miei bagagli avessero gli adesivi di ogni luogo dove sono stato con Diego, ne sarebbero completamente ricoperti. La vita con lui è sempre una specie di giostra.

La mozzarella è il comune denominatore di ogni viaggio che faccio per raggiungerlo: quando parto, sembro il principe De Curtis nel film *Totò, Peppino e la... malafemmina*. Mozzarelle di bufala, salame calabrese, peperoncini, funghi porcini, spaghetti, pomodorini *del piennolo* del Vesuvio e via dicendo. Anche perché a Diego piace mangiare italiano e mangiare bene, ma la persona che gli fa i servizi e la spesa in cucina non è il massimo. Era così molti anni fa a Cuba, quando mi ritrovavo a portare ogni bendiddio dall'Italia e a cucinare per lui, ed è così oggi che sta a Dubai: passano gli anni, ma la musica è sempre la stessa. E io, ogni qualvolta arrivo dal mio campione, subito mi precipito in cucina e tra uno spaghetto aglio, olio e pomodorini e un po' di mozzarella di bufala ci scappa sempre una canzone napoletana, che Diego accompagna volentieri. Le nostre giornate in casa oggi si svolgono così. Poi gli porto anche altro. I film di Fantozzi o altri dvd, quelli di Alessandro Siani, per esempio. Tutto quanto gli venga in mente: «Tano, porteresti...».

Ogni viaggio con lui è un'avventura nuova, viviamo situazioni che potrebbero sembrare assurde, ma sono realtà. Il primo di tanti fu in Messico, nel marzo del 2002: Maradona era stato invitato per l'addio al calcio di Carlo Hermosillo, attaccante del Cruz Azul e della Nazionale. Per Diego il cachet era di centocinquantamila dollari, ma, a poche ore dall'inizio, ancora non si era visto un centesimo. Ci ospitarono tutti per una settimana a Ixtapan de la Sal, un centro turistico che sta sessanta chilometri a sud di Toluca, la capitale della Repubblica federale del Messico, dove l'Italia aveva giocato il Mundial del 1986. Eravamo in un resort bellissimo che non a caso porta il nome di Maradona, Resort San Diego, con un centro benessere e degli splendidi campi da golf. L'ideale per il mio amico, che stava vivendo con grande fervore la passione per questo sport.

Arrivò il giorno della partita d'addio di Hermosillo. Fuori dell'albergo c'era un elicottero verde che aspettava Maradona per portarlo allo stadio. Quando fummo davanti al mezzo, già con le pale in movimento, vidi che non c'era abbastanza posto per tutti e Coppola mi fece salire in un'automobile con due persone dell'organizzazione. La distanza era di pochi chilometri, ma c'era traffico sulla superstrada e ci mettemmo tre o quattro ore ad arrivare. Un vero incubo. Per non parlare del caldo che faceva.

Diego venne trattato da vero campione, come meritava: persino il suo spogliatoio era quello dell'arbitro, ceduto al *Pibe de Oro* per l'occasione. Arrivò il momento di scendere in campo: Diego giocava con Zamorano e Klinsmann. Trentotto minuti di partita. A quarant'anni suonati, mica male. Ma un gruppo di messicani li subissò di fischi, fatto che irritò notevolmente il nostro. Poi mi ci misi pure io: non avevo nessuna voglia di ritornare all'albergo in macchina. Altre tre o quattro ore di traffico non intendevo sopportarle. Guardando indietro nel tempo, penso che in quel periodo dovevo sembrare un ragazzo capriccioso... Mentre Guillermo provava a trattare con il pilota per farmi salire sull'elicottero, io mi intrufolai a bordo, così quando loro entrarono io ero già seduto. Inevitabile la risata di cuore di Coppola: «*Diegote, yo estaba buscando el Tano para decirle que podía viajar con nosotros y el ya estaba aca adentro... mira vos!* (Diego, stavo cercando il Tano per dirgli che avrebbe potuto viaggiare con noi e lui era già qua dentro, guarda un po')». Diego si associò al momento di buonumore.

La settimana messicana fu una vera vacanza. In quei giorni mi sentii davvero vicino al mio amico idolo e per la prima volta giocai al calcio con lui, sul campetto in erba sintetica del resort. Guardai Maradona divertirsi

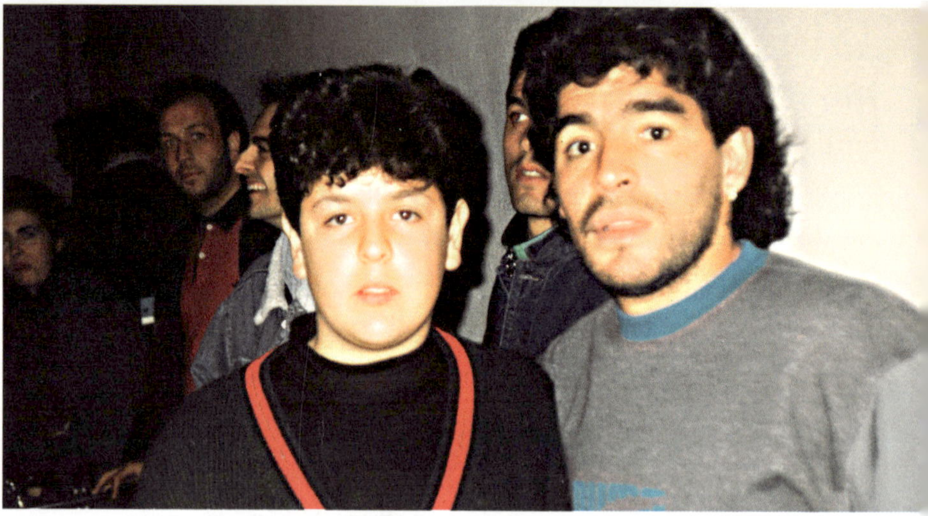

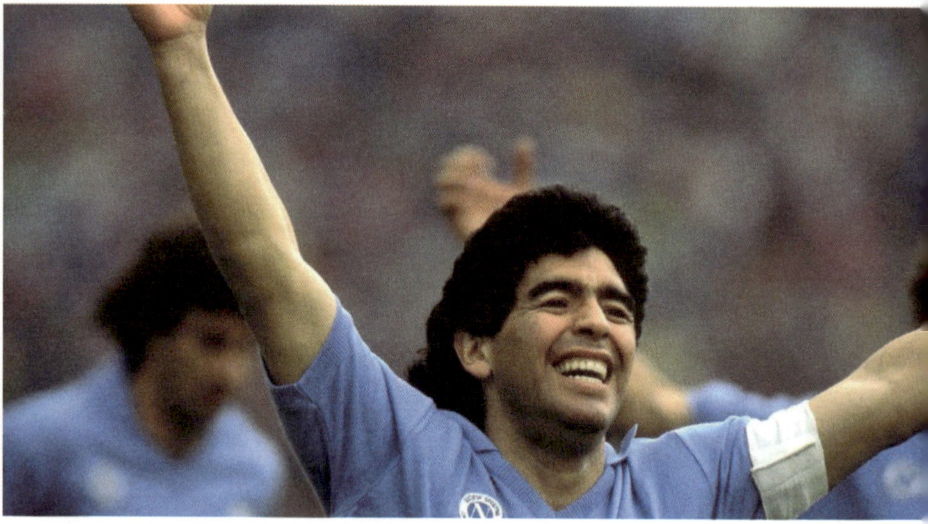

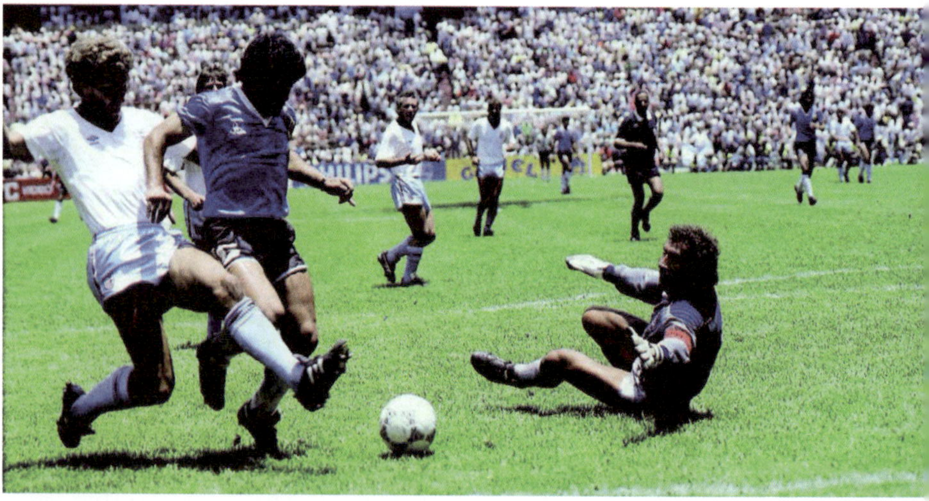

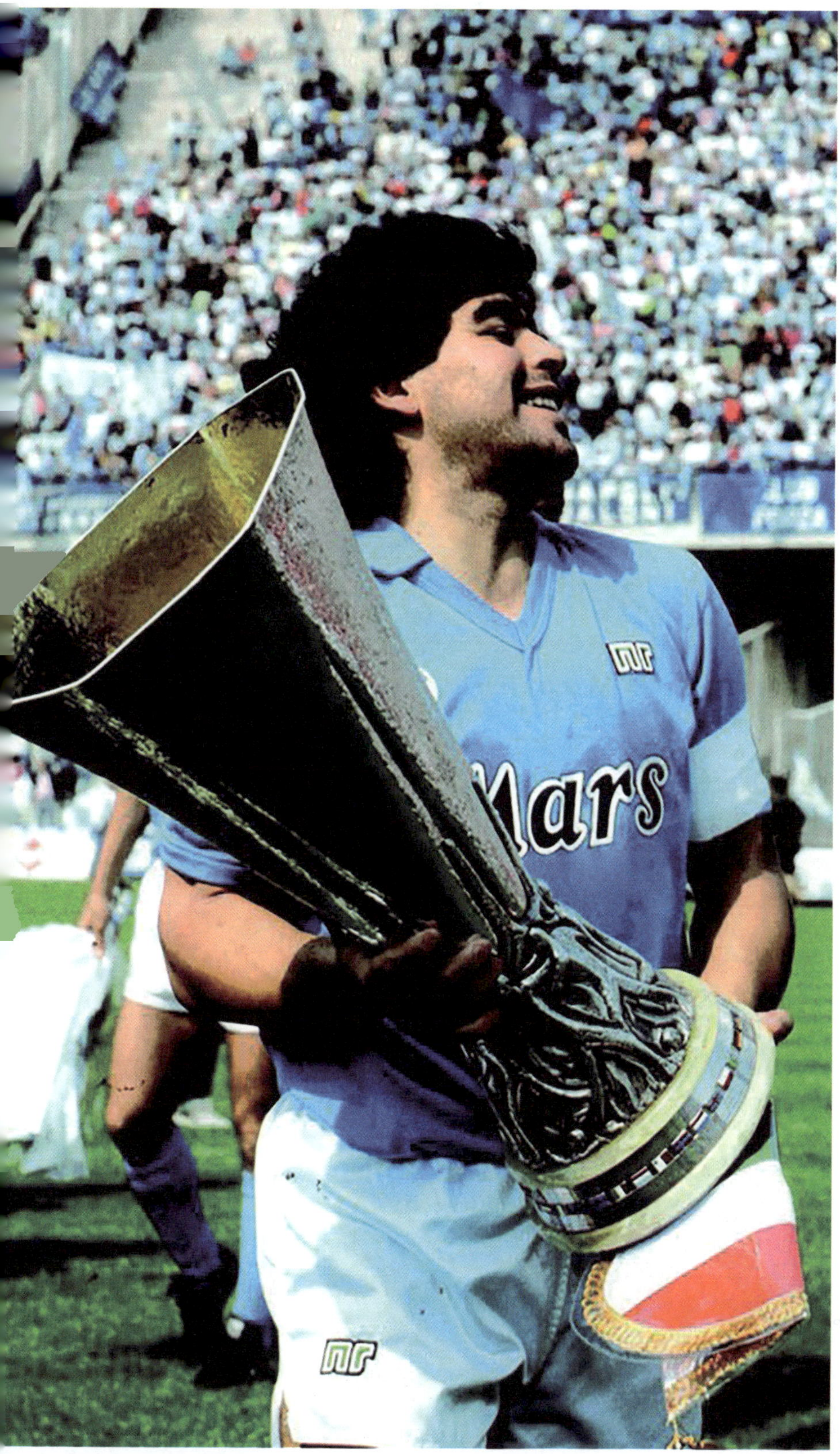

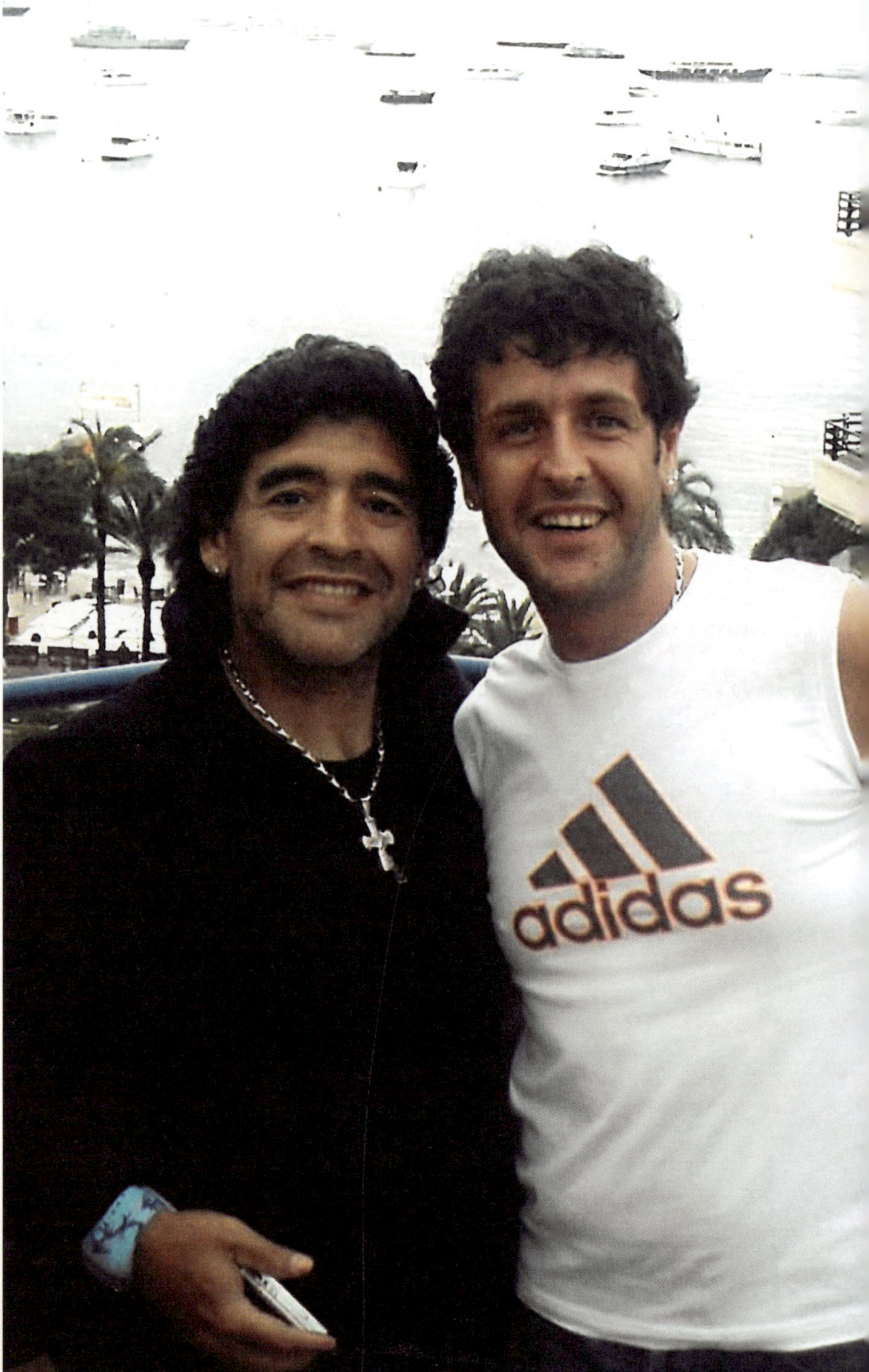
adidas

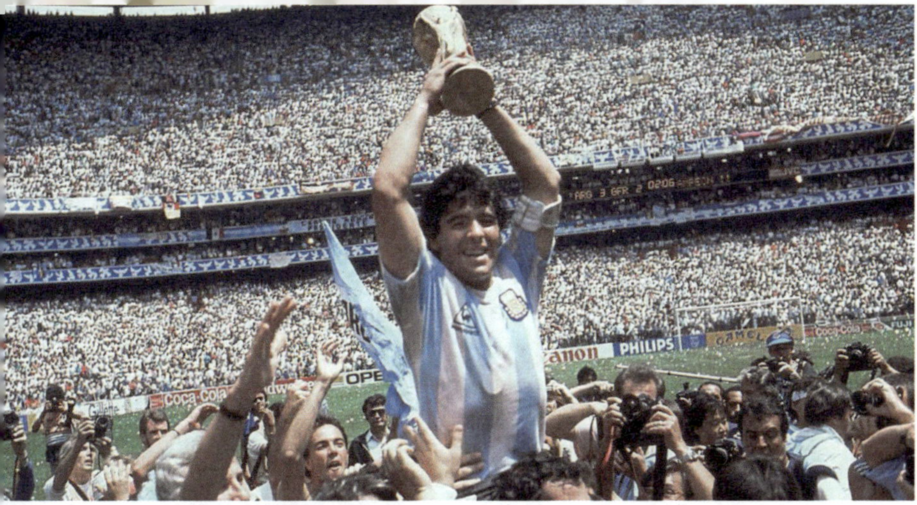
PHILIPS

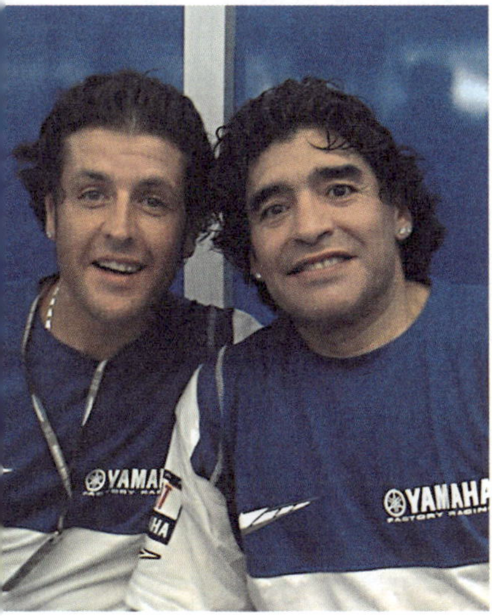

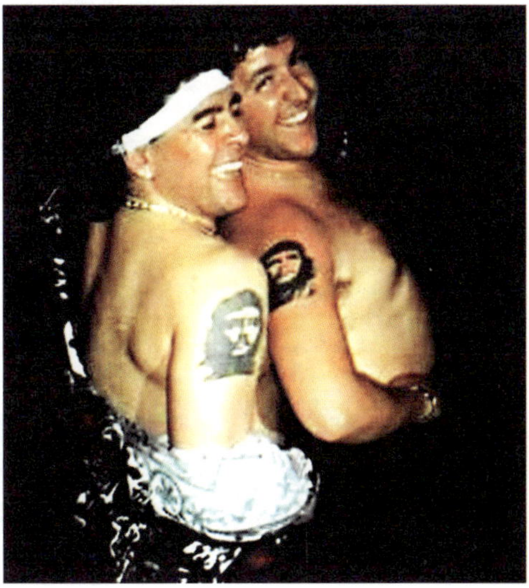

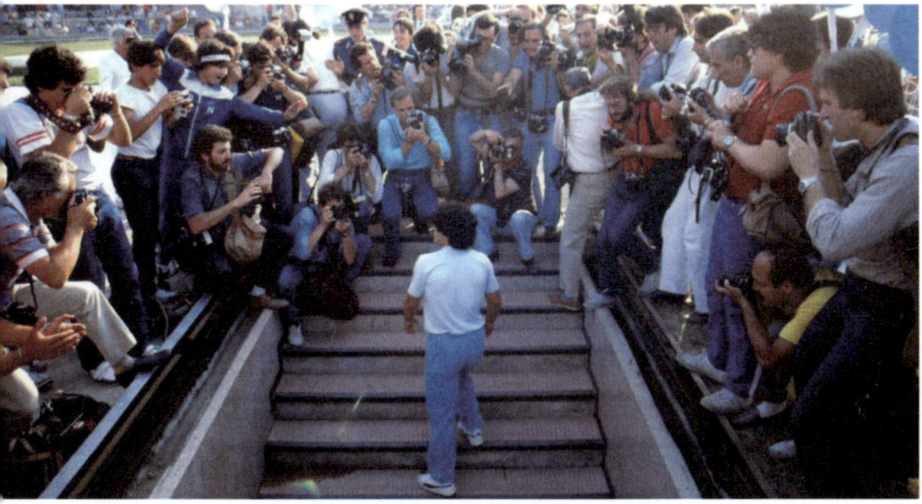

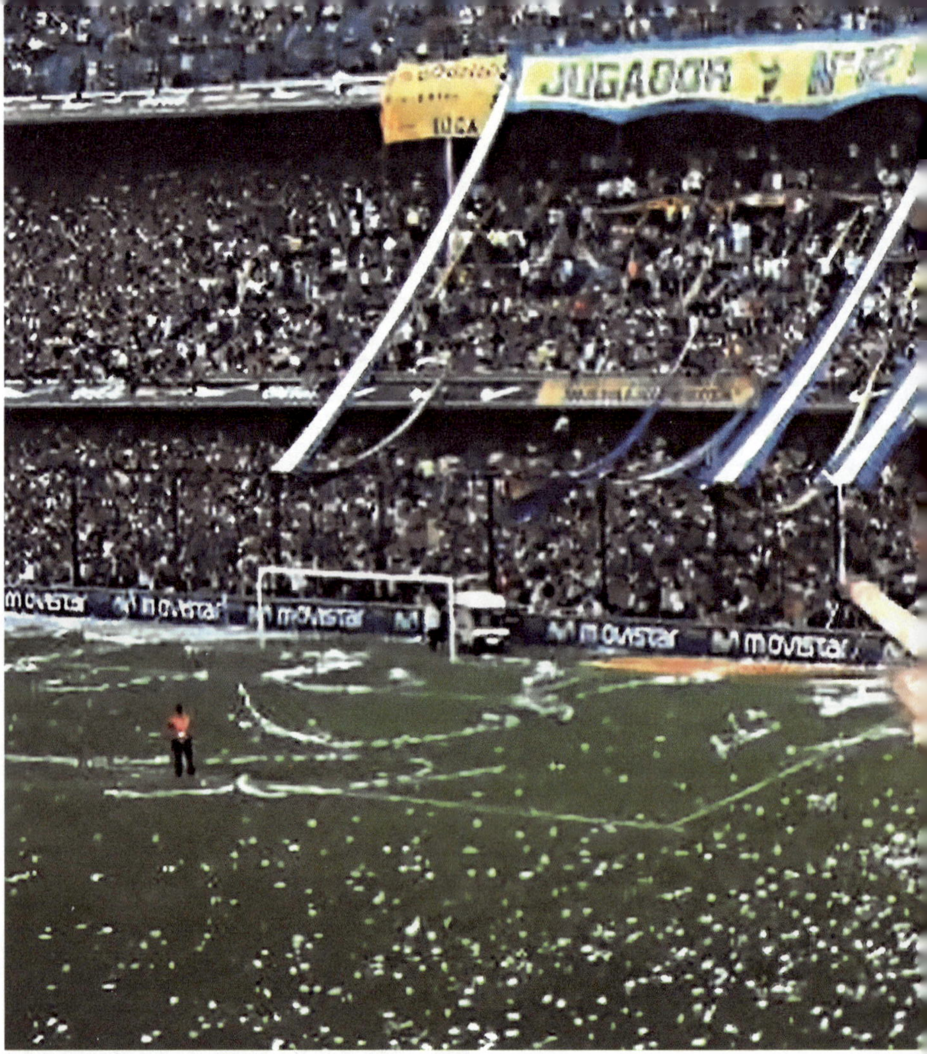
JUGADOR
movistar

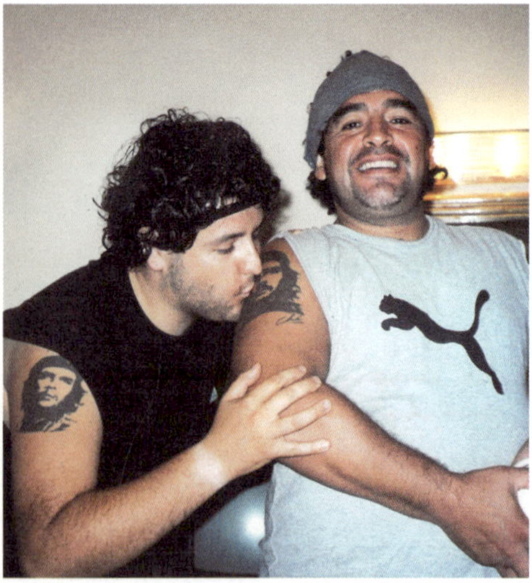

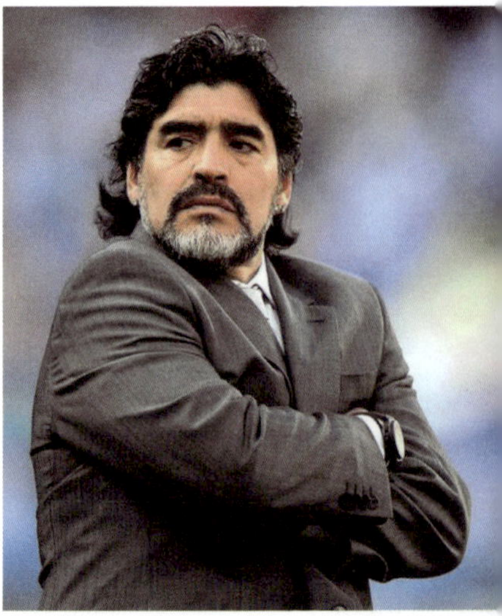

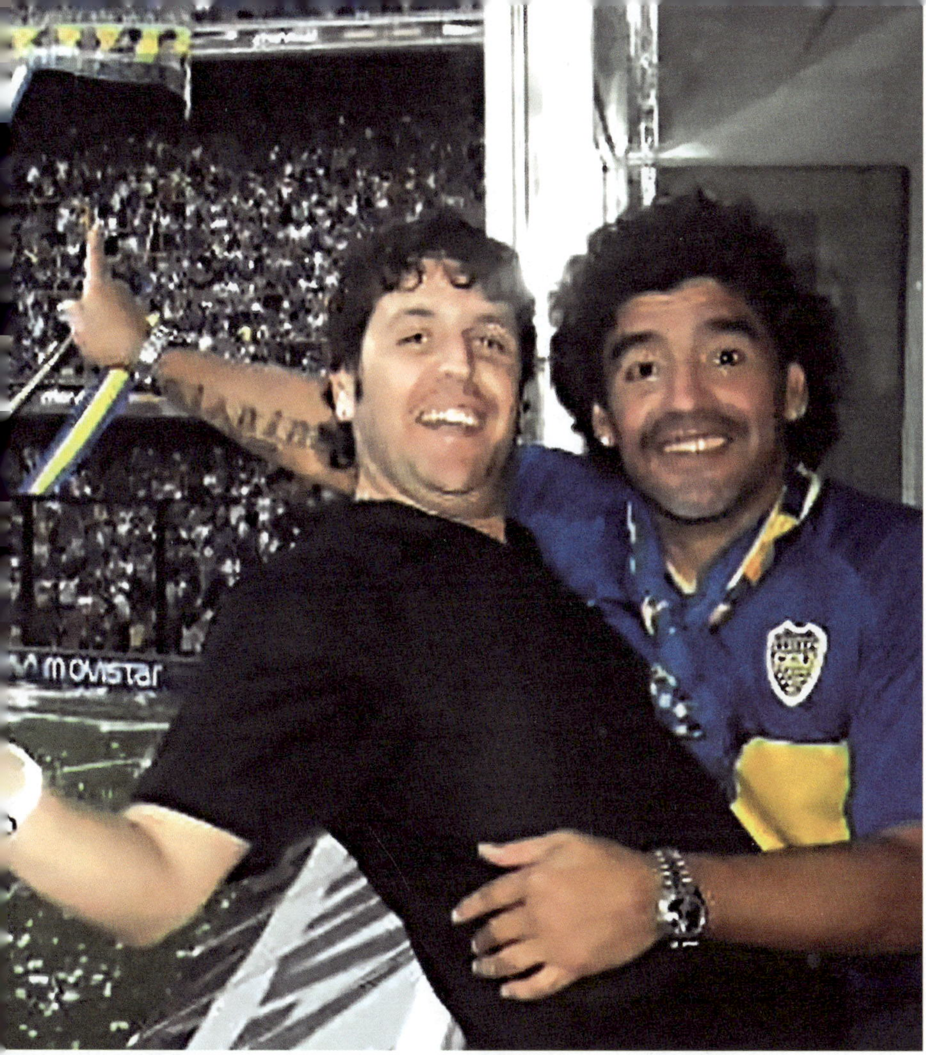
movistar

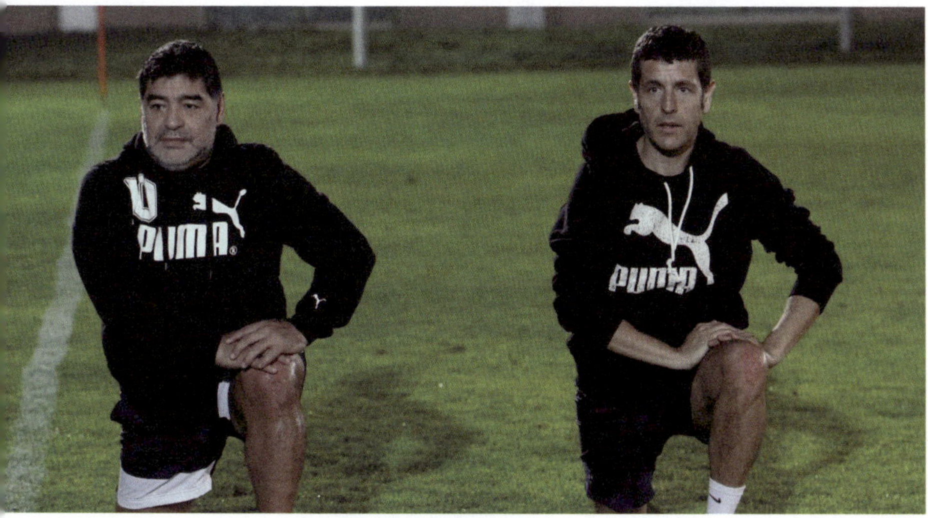
PUMA
PUMA

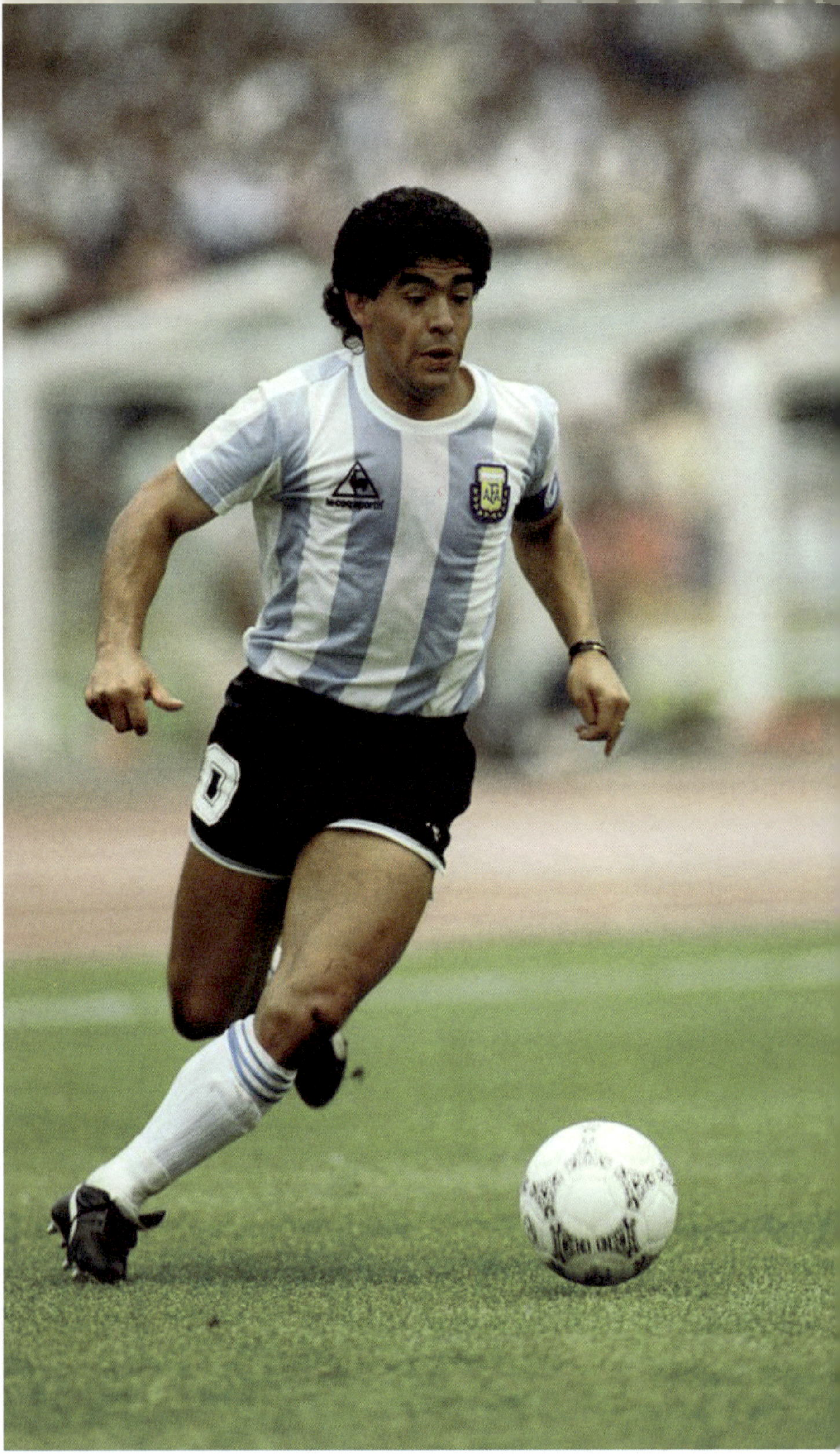

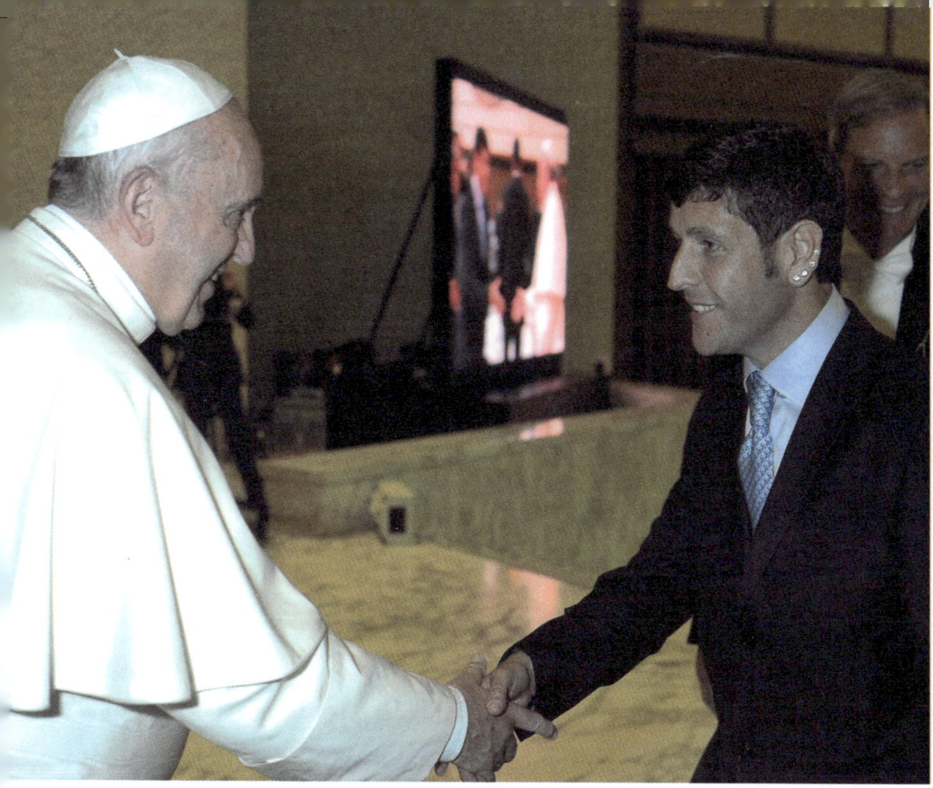

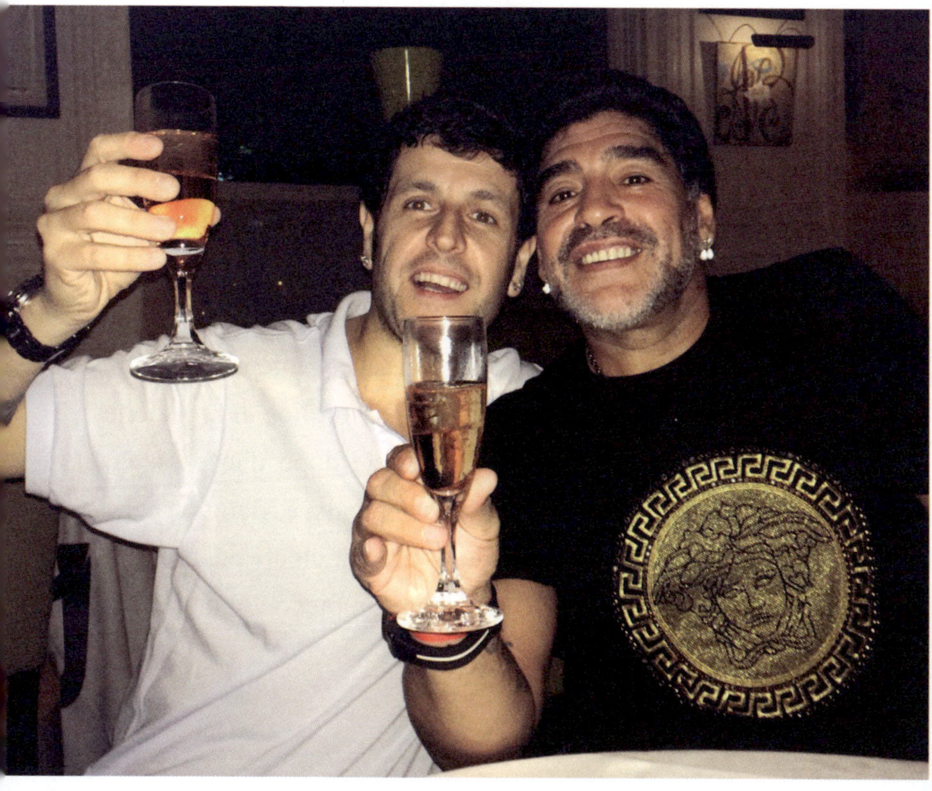

a calciare per il solo gusto di farlo, senza campionati o trofei in palio, per il piacere del palleggio: d'altra parte gli ho visto fare cose incredibili con la pallina da golf, con una mela, un'arancia, con qualunque oggetto anche piccolissimo. Lui è capace di palleggiare con qualsiasi cosa, ha una capacità di tenerla incollata al piede che è unica. Soprattutto, adora il calcio e la gente in tutto il mondo adora lui per le sensazioni che riesce a trasmettere a chi sta a guardare. Quel giorno, si vedeva proprio che provava piacere puro. Io ero emozionato: insieme in campo, il dio del pallone e io… Non resistetti alla tentazione, presi la macchina fotografica e chiesi a un signore di immortalare quei momenti, di scattare sempre, tutto. Purtroppo, non era un gran fotografo e le immagini si rivelarono quasi da buttare. Mannaggia!

La nostra partita è da ricordare: otto contro otto. Da una parte c'eravamo Diego, io e un giornalista argentino che voleva farmi giocare in porta pur di stare vicino a Maradona, ma che poi decise di schierarsi con gli avversari. Persero sei a uno e io feci tanti assist per Diego che sembravo un calciatore vero. Segnò anche Coppola, che racconta quella partita alla sua maniera: sparando palle, spiegando di aver segnato al termine di un'azione di gioco che lo vide andare a rete dopo due passaggi perfetti. Versione vera: io passai la palla a Maradona che la diede a Coppola, il quale si fece anticipare dal portiere che respinse il pallone e lo centrò in pieno volto. Così la palla finì in rete... spinta dal naso. Lui se lo massaggiò e disse: «Ho messo la testa apposta per intercettare la sua respinta».

Mah! Il solito Coppola: era un'arte, la sua, di raccontare bugie e nello stesso tempo farci divertire con qualche battuta. Quel giorno, mentre uscivamo dal campo, trovò anche il modo di commentare la mia prestazione in campo: «Diegote, hai visto Stefanito sulla fascia sinistra come andava forte? Ci credo, prima di entrare in campo si era fatto tre tiri di polverina, per questo correva così tanto. Una cosa è certa, però: li abbiamo massacrati, annientati. Sei a uno! Se avessero fatto un controllo antidoping a tutta la nostra squadra avremmo perso due a zero. Ah ah ah!».

I giorni messicani furono un susseguirsi di giochi e serate mondane, andavamo a spasso fra il green dell'albergo e le feste che non mancavano mai. Champagne, abbuffate, feste e tanti scherzi, gare improvvisate di ogni cosa. Come quella volta che in una pausa di una partita di golf decidemmo di usare le macchinine elettriche che servono a muoversi sul green per fare una «gara di Formula1». Su una salimmo io e Coppola, era rossa e Guillermo disse: «Tano, noi abbiamo una Ferrari, adesso li sorpassiamo in curva». Affrontammo con decisione una sterzata e rischiammo di volare dalla macchinina, mentre Mariano, il bodyguard di Diego, volò davvero. Era dietro di noi e il muso della sua auto elettrica stava incollato al posteriore della nostra, quando a un certo punto fu sbalzato fuori e rotolò sull'erba del campo. Si rialzò e rise, sembrava quasi che l'avesse fatto apposta. Ma la sensazione era che avesse rischiato di farsi male sul serio e non volesse darlo a vedere. E Diego? Ci guardò come se fossimo tutti matti e rise.

Prima che risalissimo sull'aereo da otto posti che ci avrebbe portati all'Avana, Guillermo trovò il tempo per l'ennesima battuta: «Diego, questa notte ho dormito veramente tranquillo perché fuori della mia porta ho lasciato Stefano di guardia: sapevo che non sarebbe riuscito a dormire perché si era appena fatto una righetta. È stato per tutta la notte con gli occhi spalancati». A bordo eravamo in quattro: Diego, Guillermo, Mariano detto *El Rengo* (lo zoppo) per via di un'operazione subita al menisco e io. Non so chi cominciò, forse Diego o forse io, ma a un certo punto, mentre stavamo volando sui Caraibi, ci mettemmo tutti a cantare. *'O sole mio...* E non solo. Probabilmente fu il mare color turchese a ispirarci, così sciorinammo l'intero repertorio napoletano classico. *Funicolì funicolà, Marechiare, 'O surdato 'nnammurato.* Sembrava quasi una gita scolastica, ma con l'aereo privato al posto del pullman...

Dall'aereo per vip al grande yacht personale di Gheddafi junior, il passo, con Diego Maradona, era davvero breve. E il vero divertimento, in questi casi, consisteva proprio nel fatto che lui può fare quello che gli pare e lo sa. Così, se è in ritardo o fa i capricci, se fa cambiare i programmi all'ultimo momento o se solo non si sveglia in tempo o decide di farsi quattro risate, nessuno si azzarda a protestare.

Le bizze arrivarono già prima della partenza per il principato di Monaco, che veniva rinviata di ora in ora. Diego non si decideva, non voleva partire e Guillermo stava andando nel pallone: «Ci aspetta Antonio Caliendo per la premiazione del suo nuovo evento, il Golden Foot, e con lui ci sono dei personaggi importanti» gli disse per convincerlo. Finalmente si partì alla volta di Monte Carlo dove, a onor del vero, oltre al principe Ranieri ci aspettavano Eusebio, Rivera, Baggio, Gheddafi junior e mezzo mondo del giornalismo sportivo che conta.

Con il giovane figlio del leader libico la scena fu molto divertente: una specie di palazzo galleggiante era ormeggiato al largo del principato, lui invece era proprio davanti all'albergo, aspettava noi con impazienza. E si vedeva. Eravamo, come al solito, molto in ritardo sull'orario dell'appuntamento. Io e Diego lo guardavamo dal balcone della camera dell'albergo e ci spanciavamo dalle risate: per quanto tempo sopporterà? Vediamo! Ecco, Diego è un po' dispettoso, ma non lo è mai con gli umili, con i più deboli o con i più piccoli, visto tra l'altro che adora i bambini. Si comporta invece spesso così con i potenti, i politici, gli arroganti, i super ricchi. Dopo Monte Carlo, l'addio al calcio di Carlos Valderrama ci portò in Colombia, precisamente nella città di Barranquilla, ma sbagliavamo pensando di poter replicare il viaggio messicano: l'atmosfera lì era completamente diversa. Per spostarci eravamo costretti a viaggiare in auto blindate, eravamo sempre accompagnati dalla scorta armata, uomini con pistole e fucili a pompa in sella a delle motociclette, e l'aria che si respirava era tremenda. Ci misero in guardia spiegando che ci sarebbe potuto essere qualche attentato o che coloro che tifavano contro Valderrama avrebbero potuto lanciarci, nello stadio, buste di plastica con dentro del piscio... Ricordo che la sera prima della partita ci fu una cena con tanta musica: anche chi era addetto alla sicurezza degli ospiti era drogato, strafatto, con gli occhi spalancati. Stavano tutti rigidi e impettiti, sembrava che avessero ingoiato dei tronchi. Un poliziotto mi si avvicinò sorridendo e a voce bassa mi chiese: «*Vamos al bano? Nos damos un saque* (Andiamo in bagno a farci un tiro)?». Nella grande sala, tutti continuavano a ballare senza fermarsi mai.

Fortunatamente, una volta in campo, fino a quando la partita si concluse, non successe niente di terribile e noi partimmo. Oggi è sicuramente diverso, ma erano periodi difficili in quella zona. Diego mi ha raccontato che in un viaggio successivo in Colombia, diretto a Cali, mentre stava percorrendo una strada secondaria con

Guillermo e con il nostro amico Maurizio *El Santito*, l'auto sulla quale viaggiava fu fermata da un gruppetto di uomini armati. Uno di questi disse a Maurizio, il quale era alla guida, che se era armato doveva posare la pistola fuori dall'abitacolo.

«Tano, ho pensato che stavolta ci avrebbero ammazzato» commentava Diego ricordando quel momento.

Allora giocò la carta della sua immensa popolarità, si affacciò dal finestrino per farsi vedere e disse: «*Soy yo, soy yo, el Diego, lo siento, chicos* (Sono io, sono io, Diego, scusate, ragazzi)». «*No lo puedo creer, está Diego Maradona* (Non ci posso credere, è Diego Maradona)» gridò il più vicino all'auto, gli altri al suo fianco avevano già messo a terra i mitra, altri a decine sbucarono da dietro i cespugli per fare le foto con Maradona! Vicino a lui non ci sono conflitti che tengano...

Un altro viaggio pazzesco fu alla fine di maggio del 2008: eravamo di ritorno dalla Francia, provenienti dal Festival di Cannes dove con Diego avevamo appena assistito alla prima del film a lui dedicato da Emir Kusturica. Una pellicola che racconta la vita di Maradona, quella vita presa a calci e fatta di prodezze, con parabole di alti e bassi. Prima di partire incrociammo Mike Tyson e, nonostante la confusione, Diego mi chiese di scattargli una foto con il suo amico Mike. Ci riuscii, anche se eravamo in mezzo a una selva di braccia tese, con taccuini e macchine fotografiche, che cercavano il campione: giornalisti, paparazzi e alcuni tifosi napoletani che erano lì perché sapevano della presenza di Maradona e volevano salutarlo.

Ci mettemmo finalmente in macchina e, una volta che fummo giunti esattamente fra la Lombardia e l'Emilia Romagna, mi resi conto che stavamo correndo come pazzi. Già all'andata eravamo arrivati a Ventimiglia percorrendo l'autostrada a oltre duecento chilometri orari, nonostante la pioggia. La Mercedes di Salvatore Bagni aveva iniziato a ballare sull'asfalto fradicio e non nascondo di aver avuto tanta paura, anche se in quel momento non dissi niente a Diego. Solo dopo un po' gli rivelai di aver pensato che, se proprio dovevo morire, almeno sarei rimasto nella storia perché ucciso in un incidente stradale insieme con Maradona.

Al ritorno si era ormai fatto buio, ma con la macchina di Salvatore sfrecciavamo superando le altre auto come se fossero birilli: correvamo tanto che quasi non ci accorgemmo neppure di una pantera della Polizia stradale che, accesi i lampeggianti, aveva incominciato a inseguirci. Diego mi chiese:

«Che facciamo, Stefano?».

«E che possiamo fare, se non rallentare e sentire che cosa ci dicono» gli risposi.

Dopo una manciata di chilometri, la polizia ci raggiunse e ci invitò a fermarci. Accostammo alla destra della carreggiata. Il poliziotto che era alla guida scese velocemente dall'auto, mi sembrava alquanto arrabbiato a giudicare dalla faccia scura. Ma appena si avvicinò al finestrino cambiò espressione: si era accorto che alla guida della Mercedes c'era Diego Maradona.

Gli chiese se avesse la patente, ma Diego gli rispose di avere con sé soltanto il passaporto.

«Le devo fare sicuramente una multa e anche ben salata» disse il poliziotto «visto che correvate come dei matti e non si può guidare senza patente. Comunque, avviso il collega che è il capo pattuglia.»

A questo punto arrivò di corsa l'altro poliziotto con il passaporto di Diego fra le mani ed esclamò:

«Dio mio, *El Diez* (Il Dieci)! *Por favor*... non lo posso credere, che fortuna che ho! Diego, per favore, scendi dall'auto, io sono italiano ma figlio di argentini... scusa, ma questo stupido di collega non pensa alla fortuna che abbiamo avuto questa sera nel fermare la vostra macchina. E sai perché? Perché è della Juve questo *tarado,* questo cretino».

«Scusa ancora» continuava a dire il poliziotto: non stava nella pelle trovandosi davanti a Diego, che era divertito per l'accaduto, dopo aver superato il momento di tensione.

«Abbiamo visto un missile sorpassarci» disse il poliziotto rivolgendosi a Maradona «ma sono contento che tu stessi correndo e che ci abbia costretto a raggiungerti, così dopo tanti anni posso fare una foto con il mio idolo.»

L'episodio si concluse con me come fotografo per conto dei due poliziotti che si erano messi in posa ai lati del campione. E i guidatori di passaggio, increduli, rallentavano per guardare quella scenetta. La Polizia stradale che si fa le foto in autostrada, ah ah ah!

Ma anche in Sud America può accadere di tutto. Prendiamo Panama, per esempio: lì i tassisti sono mezzi matti e hanno sempre voglia di raccontare tutta la loro vita. Soprattutto, molti sono lenti e anziani, le loro macchine non hanno quasi mai l'aria condizionata e ai Caraibi il caldo è insopportabile. Pensate a Diego in una situazione simile. Più l'auto era vecchia e meno lui voleva salirci, e il tempo passava. Alla fine perdemmo l'aereo che ci doveva riportare a Cuba e così ci toccò rimanere un'altra notte a Panama, in un hotel extralusso, in una camera da qualche migliaio di euro. Una notte che trascorremmo rievocando gli anni in cui Maradona era il re di Napoli.

Ma non tutti i viaggi sono stati rose e fiori, né per lui né per me. Come la volta che Diego andò in Cina: mi telefonava da Pechino ogni giorno chiedendomi di raggiungerlo, ma io non potevo piantare lì il ristorante, le mie cose, e non avevo neppure voglia di partire; lo avevo lasciato a Cuba soltanto qualche giorno prima. Lui però insisteva. E quando tornò capii il perché.

«Gran figlio di puttana, avevi previsto tutto, per questo non sei venuto. Mi son trovato in un posto dove non capivo nulla» mi disse, mentre io ridevo come un pazzo «e non mi è piaciuto il cibo. E tu lo sapevi benissimo che sarebbe andata così.»

Che Maradona abbia un bel caratterino non c'è dubbio, così a volte anche chi gli vuole davvero bene come me non riesce a sopportarlo. Era il 9, forse il 10 febbraio del 2009, Diego era a Marsiglia per l'amichevole Francia-Argentina, un impegno importante anche se non c'era nulla in palio, qualificazioni o altro, ma la pressione era alta. Maradona da qualche mese era il c.t. della Nazionale biancoceleste e ovviamente voleva ben figurare, dar ragione a chi lo aveva voluto lì e far tacere i soliti detrattori. Così era teso, nervoso, aveva paura di sbagliare perché sapeva che se fosse caduto gli si sarebbe scatenata contro una canea. Tutto questo io lo sapevo. Decisi di raggiungerlo. Come sempre a mie spese: a differenza di tanti altri, io pago tutto, viaggio e albergo. Ma una volta che fui a Marsiglia Diego mi disse:

«Che ci fai qui, Stefano? Non si scherza qui, c'è la Nazionale!» e continuò per un po' sempre su questo tono.

Non risposi, ma me ne andai nella mia stanza prenotata al pian terreno dell'albergo. Il primo piano era tutto a disposizione della *Selección* argentina. Io entrai giusto il tempo di fare un biglietto via internet sul primo volo utile per l'Italia.

Qualche ora dopo, il mio amico era più tranquillo e chiese di me; gli fu spiegato da Sergio, un suo collaboratore, che me n'ero andato. Gli avevo lasciato detto che mi ero rotto le palle per come mi aveva trattato davanti a tutti; sarebbe bastato che mi dicesse in disparte le stesse parole e sarebbe stato diverso. In fin dei conti, io ero lì per lui, non per quei famosi giovanotti della Nazionale che correvano dietro a un pallone, e volevo stargli vicino anche in questa occasione. Non fa niente, pensai, lui è fatto così e io, a differenza di altri, ho la mia dignità. In un secondo momento, telefonai a Sergio per sapere come avesse reagito Maradona a quelle parole.

«*Nada, Tano*» disse il giovane «*no me contestó nada*», insomma non aveva risposto né battuto ciglio. Per chi lo conosceva, voleva dire che ci era rimasto male per davvero. Per fortuna l'Argentina ebbe ragione della Francia, in casa dei Bleu, grazie a Gutierrez e a Messi. Due a zero.

Adesso Diego è molto più tranquillo, anche se non rinuncia a cambiare idea mille volte, specialmente quando si tratta di decidere di partire. Ogni viaggio con lui è ancora un'avventura. Spesso lo raggiungo a Dubai e poi partiamo insieme, non senza aver superato mille indecisioni. In quest'ultimo periodo siamo ritornati in alcuni Paesi del Sud America, Venezuela e Cuba, dove la sua figura è molto famosa e influente. In Venezuela, è amico dell'attuale presidente Nicolás Maduro, come lo era anche in passato del compianto comandante Chávez, mentre a Cuba è sempre stato legato ai fratelli Fidel e Raúl Castro. È impegnato anche in progetti per aiutare i due Paesi, che da anni sono in grosse difficoltà, soprattutto Cuba a causa dell'embargo da parte degli Stati Uniti. Questi due popoli vivono da sempre con grande umiltà e dignità e anche per questo Diego ha deciso di stare al loro fianco in tutte le battaglie.

Anche quando è venuto a Napoli ha avuto dei tentennamenti fino all'ultimo momento, tali da far impazzire il povero Angelo Pisani, l'avvocato che sta curando la vicenda delle tasse di Maradona e ormai è un amico per me come per lui. Angelo stava organizzando il ritorno napoletano e fino a quando Diego e io non siamo saliti sul volo Emirates per Roma, forse addirittura fino a quando non ci ha visti entrare in macchina diretti a Napoli, non ci credeva. Anche quella volta eravamo partiti insieme dal Golfo Persico. Lì Diego vive in una villetta a poca distanza da Fabio Cannavaro e appena arrivo mi tocca preparare almeno gli spaghetti al pomodoro... Cosa che ho fatto anche prima di andare in Venezuela per la campagna elettorale di Nicolás Maduro.

Morto Ugo Chávez, con il quale aveva ottimi rapporti, Diego ha fatto da testimonial per il suo erede, Maduro. Con lui, e con me, anche Angelo Pisani. Siamo stati sballottati in mezzo a migliaia e migliaia di persone che partecipavano alle manifestazioni pre-elettorali. Diego sembrava proprio uno di loro: indossava la camicia rossa, il berretto giallo, rosso e blu con i colori della bandiera venezuelana. È salito sul palco vicino a Maduro, però non ha preso la parola, in compenso ha calciato un pallone verso la gente fra gli applausi e le grida di entusiasmo. Di certo la sua presenza ha catalizzato l'attenzione di tantissimi. Io cercavo di stargli attaccato, ero preoccupato da quelle folle oceaniche, ma lui viaggiava con auto diplomatiche, con corsie preferenziali, e quando potevo mi infilavo pure io con lui. Sennò, Angelo e io stavamo insieme con lo staff. Ma che fatica!

12
Feliz cumpleaños!

30 ottobre 2010. Benjamín tra le manine stringe uno striscione: «Feliz cumpleanos, abuelo (buon compleanno, nonno)!». La sua immagine arriva attraverso lo schermo del computer da Madrid. È in braccio alla mamma, Giannina. Il 30 ottobre è una data particolare, è il giorno in cui nel 1960 è nato Maradona. E io, da quando ha compiuto i quaranta, non perdo un suo compleanno.

In Argentina, la festa di Diego è sempre stata un avvenimento importante e spesso vi hanno partecipato personaggi noti, artisti e sportivi. Una volta, a Punta Carrasco, in un bel locale sul litorale del Rio de la Plata, eravamo in più di cinquecento. C'erano attori, modelle, la squadra del Boca Juniors, la bella Valeria Mazza. Allora Diego era il conduttore della trasmissione *La Noche del 10*, un programma televisivo seguitissimo. Ma la festa era, prima di tutto, in famiglia. Ora il compleanno di Diego non è più lo stesso, soprattutto da quando doña Tota, la sua amata mamma, è morta, e gli ultimi li abbiamo passati a Dubai.

Quel 29 ottobre 2010, alle dieci e un quarto di sera, stavo per raggiungere casa Maradona, sul barrio Devoto a Cantilo. C'era ancora doña Tota, c'erano don Diego, il padre, e Lily e Kity, due sorelle del mio caro amico. Io ero a bordo di un *remis*, un taxi privato, una macchina a noleggio con conducente. L'autista si fermò, pagai e scesi. Ero arrivato a casa Maradona e mi sembrò di vedere qualcosa di diverso: un poliziotto che ventiquattro ore su ventiquattro sorvegliava l'abitazione. Mah! Si vede che non ci avevo fatto caso le altre volte. Percorsi il vialetto e subito mi trovai sparata in faccia la luce della telecamera di un operatore tivù. Ce n'erano almeno due, forse di più, come ogni anno. Il poliziotto mi riconobbe e mi salutò: «*Hola*, Tano!». Mi ritrovai davanti alla porta di casa, suonai. Dall'altro lato sentii un'allegra vocetta femminile: «*Hola, qui es?*».

«*Soy Stefano*», dissi io. La porta si spalancò, era Lily:

«*Hola Stefano, todo bien?*».

«*Bien, Lily!*»

«*Estas siempre flaco y lindo!*» (Sei sempre magro e bello!)

Insomma, uno scambio di «cerimonie», come lo chiameremmo noi al Sud, fra amici che non si vedono proprio tutti i giorni. Entrai in casa, raggiunsi il salone dove avremmo festeggiato Diego. Appena mi vide, lui mi disse come al solito:

«*Holaaaa, Stefanito, faltava solo vos, ahora podemos empenzar a comer* (Ciao, Stefano, mancavi solo tu, adesso possiamo cominciare a mangiare)».

La tavola così com'era quell'anno non si è più ripetuta. Da un lato c'erano l'ex moglie di Diego, Claudia, e la figlia Dalmita, dall'altro la sua compagna di allora, Veronica, con il padre Carlito e la mamma Rufina. Le due famiglie erano divise da don Diego e doña Tota, con tutte le sorelle e i nipoti di Diego. Al centro c'era ovviamente il festeggiato. Unico estraneo alla famiglia, io. Giannina era collegata via web da Madrid: suo marito *El Kun* Agüero giocava lì, così Benjamín era fra loro, in prima fila davanti alla webcamera, con uno striscione fra le manine, per fare gli auguri al nonno che è pazzo di lui.

Iniziò il momento che a Diego piace di più, quello di scartare i regali. In genere Claudia ci azzecca: conosce bene l'uomo che le è stato al fianco per tanti anni. Dalmita, che veniva da Miami, gli aveva portato i gadget tecnologici più nuovi, appena arrivati sul mercato americano. E io? Beh, in genere mi difendo bene: dopo la volta in cui mi presentai con il cofanetto di cd, ho imparato a conoscere i suoi gusti. Stavolta compiva mezzo secolo e avevo scelto una cosa che gli poteva essere utile, un borsello da viaggio di Louis Vuitton. Gli diedi la scatola firmata e lui già capì. Era contento: tirai un sospiro di sollievo. È difficile fare un regalo a uno che ha tutto, ma io ci sono quasi sempre riuscito. Diego vide la scatola, se la rigirò fra le mani e mi disse:

«Sai sempre che cosa comprarmi, *hijo de puta*».

Poi scartò il borsello, lo guardò ed esclamò: «*Hoppaaaaa! Esto me faltava. Lindo, espectacular. Gracias, Stefanito, gracias* (Caspita! Questo mi mancava. Bello, fantastico. Grazie, Stefano, grazie)». Gli era piaciuto per davvero, Diego non sa mentire su queste cose. E poi il borsello lo ha usato di sicuro, perché gliel'ho notato qualche tempo dopo guardando un'intervista in tivù.

Iniziò la cena: l'*asado* era ottimo. L'aveva preparato, come da tradizione in casa Maradona, don Diego con l'aiuto dei nipoti più grandi, pure se ancora ragazzini, i figli di Lalo. Un tempo, a dargli una mano nella cucina di casa ci pensavano i suoi figli Diego, Hugo e Lalo. La tavola era stata preparata dalle sorelle di Diego con le supervisione di doña Tota, che tutto vedeva. Fu servito del vino, ovviamente un buon rosso: un cabernet sauvignon della città di Mendoza, prodotto da un'azienda vitivinicola argentina. L'etichetta era dedicata a Diego Armando Maradona, naturalmente...

Eravamo in attesa della mezzanotte per il taglio della torta al cioccolato, preparata da Claudia con un grande numero 50. L'imponente televisore al plasma era acceso perché, come ogni anno, le tivù argentine dedicavano la serata al loro campione. Le immagini scorrevano facendo da sottofondo all'ottimo *asado*. C'era Diego piccolino, in bianco e nero, che tirava calci a una palla. Poi le gesta che hanno fatto il giro del mondo: i gol impossibili, le punizioni con la palla che entrava in porta sfidando le leggi della fisica, l'altare, la polvere. Arrivò la torta. Diego soffiò per spegnere le candeline, poi, mentre Claudia porgeva il dolce, io cominciai a sciorinare la mia competenza calcistica in fatto di Maradona. Conosco tutto quello che ha fatto nei sette anni in cui è stato a Napoli, il minuto della partita in cui ha segnato, imprecato, gioito. Commentai le immagini del periodo napoletano prima che lo facesse il giornalista argentino, dissi come sarebbe stato il gol o come Diego avrebbe battuto la punizione, anticipai se il Napoli avesse vinto o perso...

Fra le persone sedute a tavola ce n'era qualcuna che non mi conosceva e mi guardava perplesso, erano i familiari di Veronica. Diego spiegò che io dei suoi sette anni trascorsi all'ombra del Vesuvio sapevo davvero tutto: dal campionato del 1984 a quello del 1991, io ero e sono una vera enciclopedia maradoniana e napoletana.

«Qualche anno fa» disse Diego ai suoi ospiti «anch'io ci credevo poco e a Cuba interrogai Stefano, facendo anche domande difficilissime ispirate dagli almanacchi del calcio italiano che lui mi aveva portato in regalo. Molte cose neppure io le ricordavo più: quando vidi che sapeva tutto, ma proprio tutto, pure quello che non c'era scritto su quei libroni, glieli tirai dietro e lo mandai *a la puta que lo parió* (da quella donnaccia di sua madre).» La nostalgia di Napoli anche per lui era sempre grande.

Non ebbi neppure il tempo di rispondere che Diego indicò il televisore. Stavano suonando *'O surdato 'nnammurato* di Aniello Califano ed Enrico Cannio. Sullo schermo scorrevano le immagini di Diego con la maglia del Napoli, con il numero 10 sulle spalle, quel numero ritirato dalla squadra per un gentile omaggio al campione. Sentii un brivido scorrere sulla pelle quando Maradona, tornato *El Pibe de Oro* per un attimo, mi chiese:

«Fratello, ti ricordi di questa canzone? *Oje vita, oje vita mia / oje core 'e chistu core / Si' stata 'o primmo ammore / E 'o primmo e ll'ùrdemo sarraje pe' me!*».

Mi prese sottobraccio cantando. Non lo aveva mai fatto, fu un momento molto intenso. Quasi quasi mi diedi un pizzicotto per capire se stessi sognando. Cantai pure io, come avevo fatto tante volte allo stadio, e si unirono tutti a noi. Claudia mi fece l'occhiolino, doña Tota e le sue figlie mi sorridevano. Mi sentivo come in due luoghi, in due situazioni nello stesso momento. Ero lì con loro, non ero più il bambino che stava sugli spalti a guardare il suo eroe macinare gli avversari, eppure mi sembrava di essere tornato indietro nel tempo, allo stadio San Paolo, ad assistere alla partita: solo, in compagnia di tutta la famiglia Maradona. Ma stavolta non ero né in curva né in tribuna. Ero felice e mi sentivo in mezzo al campo, insieme con Diego. «*Oje vita, oje vita mia ... oje core 'e chistu core...*» Questa canzone è diventata una specie di sigla della mia vita, forse un po' il simbolo dell'amicizia con lui.

Quella fu davvero una festa particolare. Ma ce ne sono state tante altre, e tutte belle, come è sempre bello celebrare i momenti importanti degli amici. Certo, Maradona è Maradona e anche fargli un regalo non è, come accennavo, affatto facile. Non basta la griffe, non basta il regalo costoso: puntare solo su questo magari è più facile, ma significa non conoscerlo veramente. In realtà gli fa piacere vedere cose nuove e, come molti di noi, è felice quando capisce che il suo è un dono pensato, cercato apposta per lui. Negli anni gli ho fatto molti regali, alcuni goliardici, come il seno gonfiabile riempito di champagne che usciva dal capezzolo quando lo si strizzava (le cose che si possono trovare nei sex shop...) e altri più intimi come una casacca con scritto: «Yo soy un hombre que vive con dos corazónes (Sono un uomo che vive con due cuori)» e, sotto, i nomi di Dalma e Giannina.

Gli ho anche presentato regali molto seri. Il giorno del suo addio al calcio, per esempio, feci realizzare da un artigiano un piatto d'argento con sul bordo tante bandierine con i colori dell'Argentina e al centro la frase: «Una, diez, cien, mil partidas despedidas no son suficientes por parar a Diego, Diego no se para (Una, dieci, cento, mille partite d'addio non sono sufficienti per fermare Diego. Diego non si ferma)». Claudia questo piatto lo ha messo fra gli oggetti del museo itinerante su Maradona, una mostra a lui dedicata che viene portata in giro per il mondo.

13
Maradona c.t. della biancoceleste

Un sogno, un segreto che fino a quel momento Diego non aveva mai confessato. La Nazionale del suo Paese. Era il 2 giugno 2002, in tivù c'era Argentina-Nigeria, girone F del Mondiale di Corea e Giappone. Stavamo spaparanzati sul divano, nel salone della Casa alla Pradera, a guardare la partita. Lui, Coppola e io. L'Argentina non stava giocando granché bene e Diego sbottò:

«Ma li vedi questi stronzi figli di puttana? Sembrano delle signorine, qualcuno di loro non è neppure sudato» e mi stringeva forte il braccio, facendomi male. Se la prese con Ariel Ortega: «*Burrito!*», pappamolle, gli gridò. E poi continuò, incazzato come non lo avevo mai visto: «Se ci fossi io al posto di Bielsa, *sabes como los agarraba todos, la puta que los parió* (sai come li prendevo tutti, porca puttana)».

Coppola, che trovava sempre il modo di scherzare e di far calare la tensione che si respirava in casa, di rimando cominciò a insolentire i poveri nigeriani. Funzionò: Diego si rilassò un po'. Il fatto è che lui alla sua Nazionale teneva per davvero. L'aveva detto: quello era il suo terzo sogno, allenare l'Argentina. I primi due si erano avverati: era entrato a far parte della Nazionale, come aveva sperato tanti anni prima, quando era solo una giovane promessa. Anche il secondo sogno era andato in porto. Voleva vincere e diventare campione del mondo. E aveva vinto un Mundial. Anzi, era diventato il dio del pallone. Ma aveva continuato a sognare e ora, davanti a quello schermo, si era lasciato sfuggire che voleva diventare il c.t. dei biancocelesti. Un altro sogno che sarebbe diventato realtà.

Certo, sarebbe passato qualche anno.

Era il 2008. Come sempre a fine ottobre, volai a Buenos Aires per il compleanno di Diego, scesi dall'aereo delle Aerolíneas Argentinas e andai a comprare dei sigari. Lo stesso rituale di Maradona ogni volta che rientra dall'estero. Dopo il controllo passaporti, mi diressi verso il salone degli arrivi. Sapevo già che al bar c'era il solito Gabriel, che mi stava aspettando davanti a quel che restava della sua colazione, un cappuccino e due croissant. Mangiava sempre tanto: «*Gaby, siempre mas gordo* (sempre più grasso)?» lo salutai.

Lui mi spiegò che era per colpa dello stress. «*A Diego le robaron la billetera e como siempre no dejó un sueldo* (A Diego hanno rubato il portafogli e come sempre non mi ha pagato lo stipendio)*!*».

Finendo la sua lauta colazione, mi chiese se ero venuto lì per salutare il nuovo allenatore della *Selección*. E io, senza capire:

«E chi è il nuovo allenatore della Nazionale?».

«Ma come? È Diego.»

Continuavo a non capire e Gabriel mi sfotté, dandomi del *pelotudo*, dell'imbecille: «È Diego il nuovo c.t. dell'Argentina, ma non lo sa ancora nessuno».

Ero emozionato: stupendo, Diego coronava anche questo sogno. Se lo merita, pensai, lui è il migliore. Era un regalo magnifico per il suo compleanno.

«*Dai, Tanito, así mas tarde lo podés felicidar* (Dai, Tanito, vieni, così più tardi vi potete congratulare con lui)».

Mentre andavo al mio albergo, nella testa mi turbinavano mille riflessioni. Erano solo le sei e mezza del mattino ed ero reduce da un volo intercontinentale di quasi quindici ore, ma, nonostante la stanchezza, l'emozione e la contentezza non potei non pensare che l'impegno era grosso per Diego. Non aveva mai fatto l'allenatore, anche se era il miglior giocatore del mondo. E poi la stampa come si sarebbe comportata? E se fosse stato solo un paravento per tante inefficienze della Federazione argentina? Insomma, non ero tranquillo. Arrivammo all'albergo, l'Argenta Tower di Buenos Aires. Alla sera ci aspettava la grande festa organizzata da Claudia con Dalma e Giannina.

Era tutto buio, la sala era enorme: Diego entrò non sapendo che cosa lo aspettasse. Le luci rimanevano spente, ma c'erano decine di scritte luminose: «Io sono amico del c.t.»: tutte magliette blu con le frasi fosforescenti. Era stata Claudia a preparare questa sorpresa. L'effetto era bellissimo, le scritte danzavano, Diego era commosso.

«*Gracias a todos por venir. Es un orgullo para mi compartir esta noche con ustedes. Gracias, gracias* (Grazie a tutti di essere venuti. Sono fiero di condividere con voi questa serata. Grazie, grazie).»

Baciò e abbracciò i suoi cari, per prima la mamma, e dopo la famiglia toccò anche a me.

«*Tanito, Tanito, hermano, que pasa, todo bien? Como siempre me vas a romper la pelota cada año, nunca faltas un cumple* (fratello, come va, tutto bene? Come sempre mi vieni a rompere le balle tutti gli anni, non manchi mai un anniversario)... Scherzo, fratello, per me è un piacere averti qui. Dopo tanti anni ci si affeziona anche agli animali e tu ne sei un esemplare, no»? Poi mi abbracciò e rise: l'umore era dei migliori.

Si fece festa, si fece baldoria e si cantò. «*Va salir campion, Argentina, va salir campion* (Sarai campione, Argentina, sarai campione).» Era contento e orgoglioso di essere il nuovo c.t. della *Selección*. Così, alla mia visita successiva, gli portai una maglia della Nazionale argentina dove avevo fatto scrivere in spagnolo:

Io ho visto che ieri hai fatto felice

la gente del tuo Paese,

oggi sei la bandiera dell'Argentina

E LA GIOIA DELLE TUE FIGLIE,
E DOMANI SPERO DI STARE SEMPRE
AL TUO FIANCO.

Purtroppo però l'esperienza alla guida dell'Albiceleste non andò bene: i soliti problemi di politica, di tradimenti, di complotti di palazzo. Ma non fu solo per questo: la squadra non convinse *prima* del Mondiale, con una qualificazione sofferta, acciuffata all'ultimo minuto vincendo con l'Uruguay dopo una sconfitta clamorosa e pesante contro la Bolivia per sei a uno. E non convinse neppure *al* Mondiale, anche se quasi per assurdo le cose andarono meglio. Il tifo era alle stelle. A Napoli organizzavano gruppi per guardare l'Argentina di Maradona.

Certo, Diego non aveva una grande esperienza come allenatore, ma gli contestavano una serie di scelte sui giocatori. Le sue sembravano decisioni bislacche, il ruolo di Messi, il fatto di non convocare Zanetti e Cambiasso, reduci da trionfi in Italia e in Europa con l'Inter di mister Mourinho, e anche l'investitura di un giovanissimo Gonzalo Higuaín in un ruolo importante. Quello stesso Higuaín che sarebbe arrivato al Napoli come top player dopo aver giocato nel Real Madrid.

Gli contestarono tutto. Questo, ovviamente, dopo l'eliminazione in Sudafrica, con la Germania che batté l'Argentina quattro a zero. Diego, in quell'abito grigio chiaro che era la divisa della sua Nazionale ma che lo faceva sembrare fuori tempo e fuori luogo, soffriva. Dal Mondiale andò via anche il Brasile: eliminazioni che furono quasi un affare di Stato. Ma se i gialloverdi al loro rientro in patria vennero subissati dai fischi, l'arrivo di Diego all'aeroporto di Ezeiza sembrò quasi il tripudio del vincitore. Diecimila fan in delirio, osannanti. Ma lui era triste: «Siamo stati ridicolizzati dalla Germania e ci hanno accolto così. E se avessimo vinto il Mondiale?». Questo sogno finì malamente, ma si sarà davvero conclusa qui l'esperienza di Maradona con la Nazionale?

14
Io come lui

Adesso che siamo più amici che mai, ci somigliamo un po' di meno. Ma per anni io sono stato il gemello di Maradona, il fratello di Diego, l'ombra del *Pibe*. Persino i capelli li abbiamo portati a lungo uguali. Di spalle, era difficile distinguerci. Al telefono, addirittura impossibile. A mano a mano, ho iniziato ad assomigliargli nel modo di muovermi, nei gesti, nello stile di abbigliamento. Anch'io metto due orecchini a sinistra e uno a destra. Indosso due orologi. Per non parlare della firma che so riprodurre alla perfezione e della voce, della sua inconfondibile voce. Sul mio corpo ci sono i «suoi» tatuaggi. Quando mi spoglio al mare o spuntano dalla camicia, tutti mi chiedono perché proprio quelli. E io dico che li ho fatti perché Diego e io siamo amici per la pelle, in tutti i sensi. E che dire dei soldi? Lui ne ha bruciati tanti. E io, nel mio piccolo, ho fatto lo stesso. Moto, macchine, diamanti, orologi, donne: non mi sono mai fatto mancare nulla. Lavoravo tanto e spendevo tanto.

Essere tanto amico suo ha anche qualche risvolto non sempre positivo: tutti chiedono un autografo, una maglia, e non è facile accontentarli. Dovrei trascorrere il tempo con Maradona facendogli fare firme. Allora mi sono organizzato: ho acquistato a un'asta giudiziaria uno stock di maglie biancocelesti e con il pennarello faccio io la firma di Diego. Alla perfezione.

Qualche anno fa la gente ci confondeva facilmente. Tanto facilmente che Diego una sera ne combinò una delle sue. Era il suo compleanno, eravamo in un ristorante. C'era parecchia gente, eravamo un po' in penombra. E lui ebbe la bella idea di appartarsi con una ragazza. Solo che c'era anche la sua fidanzata ufficiale del momento. Allora mi chiamò in disparte, si tolse la maglia e me la fece indossare, dicendomi a bassa voce: «Tano, siediti al posto mio. Guai a te se ti muovi da lì» e se ne andò con la ragazza per un rapporto fugace, una sveltina, insomma. Dopo una mezz'oretta tornò al suo posto: gli avevo fatto da controfigura e la fidanzata non si era accorta di nulla. Incredibile.

Non fu l'unica volta: durante la settimana trascorsa in Messico, a Ixtapan de la Sal, il proprietario dell'albergo chiese a Diego di farsi scattare una serie di foto lì fuori e lui accettò. Come al solito, però, all'ultimo momento iniziò a fare le bizze. Appena giunto sul set, cambiò idea e se ne andò mollandoci come dei fessi. Fra l'altro, avevamo accumulato un bel po' di extra in quella settimana, ventimila dollari fra telefonate, bar e lavanderia, quindi il servizio fotografico era proprio quel che ci voleva.

Guillermo, pensieroso, mi guardò, poi lo vidi

scrutare il panorama mentre si grattava la testa e infine se ne uscì con un'idea assurda: farmi vestire come Diego e spacciarmi per lui nelle foto. E io mi lasciai convincere. Interpretai Maradona. Indossai i suoi abiti, la maglietta gialla e andammo nel posto scelto per il servizio. Coppola mi lanciò un pallone dorato e gridò: «Palleggia, palleggia». Io eseguii e il fotografo scattò. Tante volte. Cercai di non farmi inquadrare mai troppo da vicino, stando sempre un po' di spalle. E quando ora vedo le foto mi meraviglio davvero, sono proprio belle, la luce è stupenda e io sembro Maradona. Anzi, sono proprio lui!

Ma è con la voce che la gente diventa pazza. Sono talmente allenato a parlare come Diego che posso sostenere una lunga conversazione e ho imparato anche a diversificare le mie interpretazioni. Le parole sono quelle che usa sempre lui, le pause, il timbro di voce sono i suoi, ma non lo imito soltanto: mi calo proprio nel personaggio. Così, quando imito Diego giovane, quello dei tempi napoletani, il mio tono è un tantino più squillante, quando faccio il Maradona di oggi è più grave, la voce un po' roca... Per forza, fra i due sono trascorsi più di vent'anni! Più di una volta, mi sono anche sostituito a lui per qualche intervento telefonico in trasmissioni italiane, addirittura prendendo in giro i giocatori della Juventus.

A farmi da complici sono stati proprio alcuni loro colleghi, amici di Maradona. Uno di essi diceva che avrebbe telefonato a Diego per salutarlo e nel frattempo mi avvisava che avrebbe chiamato, così io ero pronto a «fare Diego». Una volta squillò il telefono, risposi e mi passarono il grande Ibrahimovic. «Diego, ciao. Come stai? Parlare con te per me è un onore.» Io gli risposi, feci una battuta, salutai... e lui ci cascò. Stessa sorte toccò a Jonathan Zebina, che per giorni ringraziò il collega che lo aveva fatto parlare con Maradona. E alla fine dovetti anche portargli una maglietta con dedica di Diego, ovviamente firmata dal sottoscritto, in modo che lo scherzo fosse completo.

Un'altra vittima dei nostri scherzi fu Alessandro Del Piero, una persona perbene, un signore. Era il 2004 e Del Piero compiva trent'anni. Mi telefonarono dal quotidiano «Tuttosport», dato che sono il punto di riferimento italiano di Diego, e mi chiesero di contattare Maradona per vedere se volesse scrivere un messaggio di auguri al bravo calciatore della Juventus. Io accettai di riferire la richiesta al mio amico e gli telefonai a Cuba, dove si trovava. Diego è un estimatore di Del Piero, ma non ama questo tipo di cose, così mi disse: «Tano, veditela tu. La scrivi per me». A quel punto io mi misi al computer, scrissi la lettera, la stampai e apposi la firma: Diego Armando Maradona. Identica. Fatta addirittura con una penna stilografica che mi aveva regalato lui qualche tempo prima. Il 9 novembre 2004 «Tuttosport» pubblicò la lettera di Maradona a Del Piero con gli auguri del *Pibe de Oro*. Era in pagina con altri servizi su Alex, i suoi traguardi, gli obiettivi. Il giorno dopo, sullo stesso giornale c'era Del Piero che ringraziava Diego di cuore, tessendone le lodi come campione di sport e di umanità. In quel momento, per la verità, mi sentii un po' in colpa, ma non l'avevamo fatto con cattiveria e poi, caro Alex, in fondo quello che conta è il pensiero!

Di scherzi ne abbiamo fatti tanti. Quando ci prendevano gli attacchi di goliardia, povero chi ci capitava! Ma forse il più terribile l'ho giocato proprio a Guillermo Coppola. Eravamo a Cuba e i suoi rapporti con Diego non erano più dei migliori. Confesso di averne approfittato. Una mattina Coppola mi venne a svegliare perché doveva andare all'ambasciata argentina per una questione riguardante un'automobile che stavano per acquistare. «Stefanito, mi senti? Stefanito, Diego sta dormendo. Gli lascio un messaggio sotto la porta, così quando si sveglia, se non mi trova, non si preoccupa.» Poi mi mise fra le mani il telefonino di Diego e mi disse: «Meglio se lo tieni tu, per sicurezza. Se si sveglia, lo avvisi che sono uscito a fare la commissione. Ok?».

Io gli dissi di non preoccuparsi, che andava bene, e tornai a dormire. Non è che ora io mi voglia giustificare, ma devo dire in quel periodo ero sempre pieno di cocaina e non ero troppo lucido, così facevo un sacco di fesserie. Mi svegliai dopo neppure mezz'ora e chiamai Guillermo con il telefonino di Diego; non so perché, ma mi misi a parlare come se fossi lui. Forse non credevo che Coppola ci sarebbe cascato: avrà trascorso con lui almeno quindici anni, dovrebbe capire, pensavo, e così continuai con lo scherzo. A un certo punto lui dovette essere colto, in effetti, da una perplessità, perché chiese: «*Todo bien?*».

Non resistetti. «Sei sempre lo stesso, Coppola» risposi secco.

«Che vuoi dire, Diego?»

«Coppola, se non vuoi più stare qui a Cuba, vattene a Buenos Aires, che me ne frega!»

«Ma posso spiegarti tutto...»

«No, no, vattene a Buenos Aires.»

Spensi il telefono e, da incosciente, mi piegai in due dalle risate: la scena si svolgeva davanti a Mirna, la signora che faceva le pulizie a casa di Diego. Lei mi guardò con aria interrogativa. Neppure un quarto d'ora dopo, Guillermo rientrò quasi di corsa, lamentandosi del fatto che Maradona non l'aveva neanche fatto parlare, che ci doveva essere qualche equivoco, che non sapeva che cosa fosse accaduto.

«Ma tu gli ha detto dove ero andato?» mi chiese.

«Certo, certo.»

Passarono un paio d'ore, il povero Coppola era a pezzi. A Napoli si dice *'o cane mozzica 'o stracciato*, il cane morde quello sfigato: già era un periodo piuttosto teso tra lui e Maradona, e ora come se non bastasse mi ci mettevo anch'io... Intanto Diego si svegliò. Guillermo si affannò a spiegare:

«Diego, mi dispiace, prima non ce l'ho fatta, ma ero all'ambasciata, te lo volevo dire ma tu non mi hai neppure fatto parlare».

«Coppola, bevi già al mattino? Che c'è?»

«Ma Diego...»

«Allora, che c'è?»

A questo punto mi resi conto che era il caso di chiarire la faccenda e chiamai Mirna: anche se non aveva capito che cosa diavolo stesse succedendo, lei che aveva assistito alla scena spiegò a Diego e a Coppola che quella mattina al telefono c'ero io.

Nessuno parlava.

Passò qualche secondo che mi sembrò interminabile e Coppola sbottò, indicandomi a Diego: «Questo è proprio un figlio di puttana... io ti giuro che c'eri tu al telefono, ne ero sicuro, tanto che ho mollato ogni cosa all'ambasciata per correre qua!».

15
Ho visto Maradona... Eh, mammà, innamorato son

Era il 21 dicembre dell'86 quando avvenne il mio primo incontro ravvicinato con Diego Armando Maradona. Il Napoli giocava contro il Como e mio padre aveva trovato un sistema per parcheggiare l'auto proprio vicino agli spogliatoi, nei posti riservati ai familiari dei calciatori della nostra squadra. Come c'era riuscito? Poiché conoscevamo Tebaldo Bigliardi, un calciatore di Catanzaro che giocava nella squadra azzurra, papà andava spiegando a tutti di essere suo zio. Mio padre buonanima sapeva diventare amico di tutti. In quel caso, del maresciallo che gestiva il servizio d'ordine, un certo Vito.

Così mettemmo l'auto vicino a quelle dei nostri eroi. Pioveva, ma il Napoli vinse due a uno facendo tutto da solo: doppietta di Gigi Caffarelli e autogol di Bruscolotti, la nostra *Mascella di Sassano*. La partita finì quasi al buio perché non furono accesi i riflettori, eravamo sotto Natale e la sera arrivava presto. Corremmo alla macchina, vicino agli spogliatoi, dove c'era già folla: tutti volevano vedere Maradona, che era atteso dalla scorta. I calciatori uscirono: avevano fra le mani panettoni e bottiglie. Mio padre ebbe una pensata delle sue e, quando l'Opel sportiva bianca di Diego uscì dal tunnel degli spogliatoi preceduta da un'Alfetta della Polizia, dietro c'era la Renault Super 5 turbo di papà. Aveva l'allestimento da tifoso: gagliardetto, *corniciello*, cornetto, e rosario appesi allo specchietto.

Eravamo proprio dietro a Maradona. Vicino al mio campione, che era al volante, c'era Signorini, il suo preparatore, e dietro era seduta Claudia Villafane con una bimba piccola, la nipotina del *Pibe*. Li seguimmo addirittura fino a Posillipo, quando Diego pigiò il triangolo delle quattro frecce e lampeggiò con gli anabbaglianti alla Polizia. Fu un attimo, il corteo si bloccò, ci fermammo pure noi e papà mi disse:

«Scendi, fai vedere che sei solo un bambino, sennò questi ci sparano».

Non riuscì a finire la frase che i tre poliziotti scesi dalla volante si accostarono a noi. Due avevano una pistola, il terzo una mitraglietta, ma quando mi videro si rasserenarono e abbassarono le armi, provando a nasconderle per non farmi spaventare. Io tenevo stretti fra le mani un foglietto di carta, una penna e una macchinetta fotografica, di quelle istantanee da pochi soldi, e mi precipitai verso la Opel. Il poliziotto disse a papà che il signore dietro (cioè Maradona) gli aveva riferito che lo stavamo seguendo da Fuorigrotta.

«Che volete, che andate cercando?»

«È per mio figlio» rispose papà. «Vuole un autografo di Maradona, scusateci tanto.»

«Ma il signore che sta correndo in macchina deve andare in Francia per ritirare un premio.»

Io intanto guardavo attraverso i finestrini, non avevo il coraggio di avvicinarmi troppo o di bussare con la mano: a un certo punto mi sembrò quasi che Diego stesse per abbassare il vetro, ma poi si girò a parlare con Signorini mentre io restavo impalato come un fesso e non avevo neppure la prontezza di riflessi di utilizzare quella macchinina fotografica che mi portavo dietro. Così, dopo una ramanzina, i poliziotti rimisero in moto e se ne andarono.

Avevo solo tredici anni e ci restai davvero male, nel vedere l'auto di Maradona diventare prima piccola piccola e poi sparire davanti ai miei occhi.

Non per questo la mia passione per il Napoli e per Diego si affievolì, anzi. Ho continuato a seguire la mia squadra. Per qualche anno non ho avuto problemi di biglietti grazie al fatto che giocava Bigliardi: un po' ci faceva entrare lui, un po' mio padre continuava a «fare lo zio» del calciatore e potevamo vedere le partite comodi comodi. Negli ultimi mesi napoletani di Diego, però, Bigliardi se n'era andato e dovevo trovare una soluzione. Così presi a piazzarmi sopra una tettoia. Funzionava così: fino a tardi rimanevo nella pizzeria dei miei genitori a friggere panzarotti. Ma un minuto esatto dopo le undici scappavo via per andare a prendere a casa – abitavamo giusto sopra la pizzeria – il mio zaino con quanto mi serviva. Gli attrezzi da scasso, anche se non dovevo scassinare nulla, una bottiglietta d'acqua e un panino. A Napoli avrei dovuto fare attenzione, perché gli arnesi che mi portavo dietro non potevano entrare nello stadio, avrebbero pensato che ero un ultras violento!

Correvo alla stazione di Catanzaro Lido per prendere il treno diretto a Roma, con fermata a Napoli. Il «Romano», come lo chiamavano, in partenza a mezzanotte e diciassette. A farmi compagnia c'era sempre Sandro D'Auria, altro tifoso sfegatato del Napoli. Mio padre, per la verità, ha sempre detto che per il suo attaccamento agli azzurri Sandro, come il sottoscritto, è «*nnto strunz' pure isso*»! Cioè, diciamo, che è un pochino esagerato. L'arrivo prima dell'alba, alle cinque e trentacinque, due soli minuti per prendere la prima corsa della metropolitana da piazza Garibaldi a Campi Flegrei, che mi portava alle sei e dodici a duecento metri dallo stadio San Paolo. Anche allora che ero un ragazzino, ogni volta che sbucavo sul piazzale di Campi Flegrei e vedevo lo stadio mi si allargava il cuore.

La mia giornata di tifoso era lunga, non potevo concedermi un attimo di ritardo perché se si superava una certa ora la missione diventava impossibile. Scavalcavo il muro dove c'erano i botteghini. Ero dentro. Non era tanto difficile e neppure particolarmente pericoloso. Ora dovevo riuscire a non farmi beccare fino a quando non aprivano i cancelli. Nascondersi non era facile, lo stadio era vuoto e i poliziotti avrebbero potuto vedermi. Io però salivo su una tettoia che, via via che passavano le ore, diventava affollata. Riuscivo a non farmi vedere, quando sentivo che stavano passando gli agenti mi infilavo in un'intercapedine. Quando iniziavano a entrare quelli che avevano il biglietto diventava tutto più facile, nella folla si poteva riuscire a passare inosservati.

Negli anni della mia adolescenza c'erano i lavori in corso per il terzo anello, così, con gli attrezzi che mi ero portato dietro, mi ritagliavo un varco. Aprivo i lucchetti e li sostituivo con catenacci che mi ero portato da casa e di cui, ovviamente, avevo le chiavi. Finalmente, la partita: me l'ero meritata, no? Ma non me la potevo mai godere fino in fondo, altrimenti non sarei riuscito a rientrare a casa, e così schizzavo via dal San Paolo a qualche minuto dalla fine. Stesso percorso, uscivo e correvo a prendere la metro a Campi Flegrei per arrivare alla Stazione centrale di Napoli e partire, se andava bene, con l'Intercity delle diciotto e dodici, con arrivo previsto alle ventuno e quarantacinque a Lamezia Terme. Infine salivo sulla littorina provinciale e per le undici circa ero finalmente a casa. Ma se avessi perso quel treno a Napoli avrei dovuto prendere il successivo, che passava alle due di notte circa, e sarei arrivato a mattino avanzato.

Ah, ovviamente, la mia mamma queste zingarate notturne per vedere il Napoli le ha scoperte solo da poco!

16
Chi non salta juventino è

Anche la Vecchia Signora ha dovuto inchinarsi al mio Napoli, il Napoli di Maradona. Sono due le partite che ricordo con affetto. Una al San Paolo, l'altra a Torino. Potrebbero passare altri duemila anni, ma nessun tifoso napoletano riuscirà mai a levarsele dalla testa. Io in particolare. Anche perché fu dopo uno di quei magici incontri che per la prima volta potei avvicinarmi al mio idolo. Ero piccolo, emozionato e lui mi baciò in fronte. E chi se lo scorda! Ma andiamo con ordine.

La prima partita fu quella del 3 novembre 1985. La Juve arrivò a Napoli dopo otto vittorie consecutive in campionato. Pioveva a dirotto. Partimmo per Fuorigrotta, direzione stadio, alle prime ore del mattino. Erano da poco passate le dieci e io ero già lì con mio padre, nella strada affollata di gente diretta al San Paolo, con i venditori che intonavano ad alta voce «panini e bibite!» e i bagarini che gridavano senza sosta «...*vendo 'o biglietto, vendo 'o biglietto*». Quella mattina una tribuna arrivava fino a centotrentamila lire, un biglietto per i distinti veniva venduto anche a centomila. Per una curva, poi, era più facile vincere un terno al lotto o affidarsi a san Gennaro che cercare di acquistare un tagliando. Prezzi assurdi, visto che sto parlando di ventisette anni fa.

Ben sapendo d'andare incontro a tutto questo, mio padre si era premunito quindici giorni prima, grazie a un amico che doveva avere i suoi santi in paradiso. O, meglio, al Centro Paradiso, quartier generale della Società calcio Napoli. Aveva procurato un biglietto per sé e un ridotto per me, a prezzi ufficiali. I tagliandi andavano a ruba. Ho stampata ancora davanti ai miei occhi l'immagine di tre persone che venivano da Catania. Si spacciavano per tifosi del Napoli, ma noi tutti sapevamo che quando arrivava la Juventus le persone che venivano dal Sud (in particolare dalla Calabria e dalla Sicilia) venivano per tifare la squadra torinese.

Proprio davanti a me, i tre uomini se la ridevano tra di loro dopo aver acquistato tre biglietti di tribuna, dicendo che al signore che aveva venduto loro i biglietti qualche attimo prima erano riusciti a rifilare una banconota falsa da cinquantamila lire, nella somma pattuita di trecentocinquantamila. Mentre discutevano, mi allontanai con mio padre e vidi poi che all'ingresso della tribuna laterale il servizio d'ordine dello stadio, in compagnia della polizia, li invitava a uscire perché quei biglietti erano falsi. Dopo aver fatto centinaia di chilometri e diverse ore di viaggio, erano stati fregati. Proprio sul più bello, esattamente davanti agli spalti del San Paolo.

Quella scena m'intristì, ma dovevo sbrigarmi a prendere posto di fronte all'entrata degli spogliatoi, dove di qui a poco sarebbe arrivata la squadra con il *Pibe*. Un rito scaramantico che io e mio padre ripetevamo ogni domenica con altre centinaia di napoletani. Aspettavamo di veder arrivare la squadra, annunciata dalle sirene della polizia in motocicletta che scortava gli azzurri. Diego, come sempre, era sul sedile alle spalle dell'autista del pullman. Tutti noi allungavamo il collo per vedere se lui fosse lì: appena il pullman sbucava sulla discesa degli spogliatoi, scorgevamo finalmente la sua testa e il pollice teso verso l'alto in segno di saluto, come si usa fare in Sud America. «Ha alzato il dito, segno che oggi vinciamo uno a zero», diceva uno. E tutti assentivano.

Pioveva, pioveva, ma l'unica cosa che mi passava per la mente era raggiungere subito l'anello superiore. Ricordo un signore che diceva: «*Oggi 'o Pateterno s'è scurdato 'e ll'acqua, ma speramme fusse 'a jurnata 'bbona*». Appena staccato il biglietto, io e mio padre cominciammo a correre, lui mi teneva per mano e faticava a reggere me da un lato e le colazioni che avevamo portato da casa dall'altro. Così ebbe una brillante idea: lungo le scale, gettò via l'unica cosa che ci poteva essere d'aiuto per ripararci da tutta quella pioggia, l'ombrello. Giunti in curva, eravamo già bagnati. Fantasticavo e speravo, intanto si fecero le tre. Con la cuffia della radiolina tra i capelli, sentivo Enrico Ameri collegato dal San Paolo, ripeteva di continuo che a Napoli pioveva senza sosta, ma incredibilmente lo stadio era pieno.

Sì, quel giorno il San Paolo era gremito. Guardai giù e vidi tre casacche nere e un po' di movimento davanti al sottopassaggio. Stavano entrando le squadre e dietro la terna arbitrale c'era lui. *'O Masto*, il maestro. Con le braccia alzate, cominciò a gesticolare verso di noi facendo capire che voleva sentire la voce della gente ancora più forte. Il pubblico riempiva tutti i posti disponibili del San Paolo, pronto a dare il suo contributo come sapeva ben fare in ognuna delle partite in casa del Napoli. Ma quel giorno era speciale. C'era in campo la tanto odiata, ma sempre rispettata, Vecchia Signora e non si poteva sbagliare. La Juve veniva nella nostra città convinta di fare il pieno, ma la sorpresa era dietro l'angolo. E quel grigio pomeriggio autunnale la sorpresa la fece, tanto per cambiare, Diego Maradona.

La partita era molto fallosa. La Juve subiva pian piano la superiorità del Napoli e cercava quantomeno di strappare uno zero a zero, per tornare a Torino ancora imbattuta. Diego fece quattro, cinque azioni alla sua maniera, subendo come sempre continui falli dagli avversari. Nel secondo tempo, addirittura, partì palla al piede prima della metà campo juventina con uno slalom, meglio di un campione di sci. La scena: Diego s'impossessò della sfera, alzò la testa e puntò lo sguardo verso la porta difesa da Tacconi. A me invece sembrava che avesse puntato gli occhi dritti su di me. Sembrava che quello sguardo mi proiettasse nella sua mente e che

Diego mi chiedesse che cosa fare. Era assurdo ma il suo gioco era a tal punto quello che avrei desiderato vedere che mi sembrava quasi di telecomandarlo, come in un videogame, mentre mandava a gambe all'aria mezza Juventus, il primo giocatore, il secondo, poi il terzo, il quarto, il quinto, finché non arrivò in area e finì a terra per via di una doppia entrata tipo killer di Cabrini e Favero. Gridammo al rigore, ma la Juve venne graziata dall'arbitro, che si limitò a fischiare una punizione dal limite, mentre Diego e io ci lamentavamo. Lui in campo, io sugli spalti, entrambi con qualche lacrima che ci rotolava sul viso già bagnato dalla pioggia.

Ma il bello doveva ancora arrivare. Al settantunesimo: cross lungo in area bianconera, la palla viaggiò verso la testa di Daniel Bertoni appostato sul lato sinistro, ma entrò in modo duro il compianto Gaetano Scirea. Il San Paolo gridò: «Rigoreee!», ma anche questa volta la giubba nera giocò sporco e incredibilmente ci affibbiò una punizione a due in piena area di rigore. Diego prese il pallone tra le mani, si rialzò in fretta e con le braccia tese verso il cielo fece segno di stare tranquilli, perché in quel momento il pubblico, infastidito dalle decisioni dell'arbitro, cominciava a scaldarsi lanciando in campo qualsiasi oggetto. Bottiglie, monetine e accendini sorvolarono la mia testa, persino una scarpa partita da qualche gradino sopra di me. Il proprietario era un vecchietto che, visto l'accanimento con il quale seguiva la partita, doveva essere certo uno della vecchia guardia, quella legata ai tempi di Cané, Vinicio, Sivori e Pesaola, ed era tanto infuriato nei confronti dell'arbitro che gli tirò addosso il suo bel mocassino, incurante del fatto che se ne sarebbe tornato a casa con uno solo.

Ero tutto preso a riflettere su quel gesto impulsivo da napoletano doc, quando mi accorsi che ormai era tutto pronto per battere la punizione. I giocatori del Napoli continuavano a protestare, la barriera posizionata dai bianconeri stava più a meno a soli quattro metri di distanza rispetto ai nove previsti dal regolamento. Fu allora che lui, il divino Maradona, disse:

«Facessero quello che vogliono, tanto faccio gol comunque».

Pecci indicò a Diego dove piazzarsi, facendo capire che avrebbe mandato il pallone verso il suo magico sinistro. E così fu, al settantatreesimo. Pecci toccò la sfera di mezzo metro e Diego la colpì col suo sinistro di velluto. Sembrava che avesse accarezzato il pallone, più che calciarlo, imprimendogli una strana traiettoria a forma di banana e facendogli superare i quattro uomini messi in barriera.

In questo momento rallento l'immagine e mi ritrovo sui gradini del San Paolo con l'acqua che scorre sul viso e lungo il corpo, i vestiti tutti inzuppati dalla pioggia. La palla calciata da Diego s'infila alla sinistra di Tacconi, batte sulle maglie incrociate della rete, schizza via un'enorme quantità d'acqua e rimane qualche secondo ficcata sotto la traversa. Un tiro diabolico, molto lento, ha bucato la rete e rotola sul terreno bagnato. Diego ha appena tolto l'anima alla sua amica *pelota* per lanciarla in cielo e lasciarla ricadere su noi napoletani. Penso che al settantatreesimo di quel 3 novembre 1985 Diego sia entrato nel mio cuore e in quello di tutti i napoletani. Da allora non ne è uscito più. Oggi quel filmato è cliccatissimo su YouTube e su tutti i social network, da Facebook a Twitter.

Chiudo gli occhi per un istante, li riapro e vedo davanti a me la Mole Antonelliana. Rivedo ancora la Juve, ma questa volta a casa sua. Era domenica, il 9 novembre del 1986. Neanche a farlo apposta, nello stesso periodo che un anno prima ci aveva visti gioire al San Paolo. Ero come sempre insieme con mio padre, che quell'anno era diventato il mio personale autista al seguito del Napoli. A lui la cosa non dispiaceva, anzi, era contento di essere il mio accompagnatore ufficiale. Aveva dato fiducia anche lui alla nostra squadra, negli anni precedenti, ma con scarsi risultati. Fino ad allora non era riuscito a coronare il sogno di vedere lo scudetto cucito sulle maglie azzurre ed era convinto che quello fosse l'anno buono. E fu così per davvero.

Mio padre era il classico napoletano che studia la notte per il giorno, come si dice dalle nostre parti, come sbarcare il lunario senza troppa fatica. Questo anche perché era vissuto nella Napoli del dopoguerra, quella dell'occupazione, dove qualunque espediente poteva servire a campare. Diceva che noi figli eravamo dei fessi e che se fossero caduti dei soldi dal cielo noi non avremmo acchiappato nulla... Per spiegare chi era mio padre, che ci ha lasciato all'improvviso a maggio del 2014, bastano pochi episodi.

Dopo aver lavorato al porto per un periodo, entrò nell'azienda dei tram e dei bus che allora si chiamava Atan. Era diventato l'ombra del sindaco di quegli anni, una brava persona ma letteralmente perseguitato da mio padre che, con la complicità dell'autista del sindaco stesso, si faceva trovare, dovunque il primo cittadino andasse, con mamma e i miei fratelli Ciro e Patrizia, per mostrare quanto gli pesasse essere disoccupato, con tutte quelle bocche da sfamare. Il sindaco a quel punto lo aiutò e papà iniziò la sua carriera a bordo dei pullman. E meno male, perché per la domanda di assunzione che aveva presentato ebbe una risposta solo dopo sedici anni che lavorava all'Atan... Mio padre poi se ne andò in pensione giovanissimo, quarantunenne, dopo soli diciotto anni: sosteneva che a sessantacinque è troppo tardi per smettere di lavorare, perché poi uno dopo un po' muore e non si gode niente. Gli devo dare atto che aveva ragione, perché ha percepito la pensione per ben trentadue anni.

Quando lavorava, molte volte di sera portava il pullman direttamente a casa nostra, come se fosse suo. Finite le corse, arrivava a Torre del Greco dove abitavamo, parcheggiava sotto casa e andava a dormire. Noi figli con i nostri amici salivamo a bordo e il pullman diventava la nostra sala giochi. Papà era un tipo particolare, che amava fare le cose a modo suo senza tanto curarsi delle conseguenze: una volta gli prestai casa mia perché aveva bisticciato con la mamma e lui che cosa fece? Vendette i miei mobili a una coppia di sposini e subaffittò loro la casa che avevo diviso con la mia ex moglie... Una *capa gloriosa*, la sua!

Quella volta eravamo partiti di venerdì sera, percorrendo centinaia di chilometri in mezzo a carovane di auto imbandierate con i colori del Napoli. C'erano decine di autobus provenienti dalla nostra città. Tutti diretti a Torino, per essere presenti allo stadio Comunale accanto al nostro Napoli. Arrivammo a mezzogiorno e mezzo davanti al vecchio teatro di tante battaglie, ma soprattutto di grandi delusioni e amarezze per noi napoletani. Parcheggiammo la nostra Renault Super 5 turbo e al nostro fianco si fermò una Alfasud rossa dalla quale vidi scendere quattro uomini: due aprirono velocemente il cofano e tirarono fuori due carrozzelle per disabili. Pensai subito che quei quattro avessero qualche piano. Erano tutti sani, che cosa dovevano fare con quelle carrozzelle? Osservavo curioso il gruppetto, quando mio padre mi chiamò; il tempo di prendere le colazioni preparate da mia madre e chiudere la macchina e andammo via.

Acquistammo un biglietto di tribuna numerata e, come sempre, mio padre la spuntò ai varchi d'entrata dicendo ai controllori di turno che io ero piccolo, che avevo appena dieci anni e che non capivo niente di calcio. Mentre parlava e spiegava, continuava a premere sulla mia spalla col palmo della mano, facendomi capire che mi dovevo abbassare ancor di più sulle ginocchia per sembrare più piccino di quanto fossi. Alla fine, tra implorazioni e ringraziamenti che si ripetevano puntualmente tutte le domeniche, entrammo in tribuna. Quei quattro dell'Alfasud rossa erano vicino a noi... Ma due di loro erano diventati disabili. Venivano spinti dai compari, che mostravano il viso affaticato dai finti sforzi verso la pista d'atletica del campo. L'avevano pensata proprio bene, visto che al vecchio Comunale torinese i disabili entravano direttamente in campo.

A Torino c'erano proprio tutti, quella domenica, tutti i napoletani. Un signore mi mise una mano sulla testa chiedendomi di fargli spazio accanto a me. Restai di sasso: era Mario Merola, il re della sceneggiata napoletana. Più avanti, c'era un tipo con un cappello e una sciarpa di lana. Molti non si accorsero che quel giovanotto, ben camuffato, era Nino D'Angelo, l'autore della canzone *Quei ragazzi della curva B* che ci avrebbe accompagnato per tutto l'arco del campionato fino alla conquista dello scudetto.

Il primo tempo finì zero a zero. Era appena passato qualche minuto della ripresa e Garella recuperava un pallone di Laudrup appena finito in fondo alla rete. Pensammo: è finita, il solito film visto e rivisto con la Juve pronta a farci a pezzi, ma non andò così. Dopo il gol, il Napoli si scaraventò nell'area juventina e nel giro di pochi minuti capovolse il risultato, da uno a zero a uno a due, con le reti di un insolito marcatore, il difensore Moreno Ferrario, e del grande attaccante Bruno Giordano, che dopo il gol fu inseguito a festeggiare nientemeno che da uno dei finti paralitici che avevo visto prima della partita. Non potendo resistere a quella gioia, si era alzato dalla sedia a rotelle e, come un miracolato, aveva cominciato a correre dietro Giordano per tutta la pista d'atletica. Quando si vide braccato dalla polizia, da buon napoletano escogitò il piano di salvezza per non essere buttato fuori. Vere e proprie convulsioni, che ebbero un effetto positivo: quell'uomo, pur accompagnato dalle guardie, continuò a vedere il resto della gara a bordo campo fino a gioire anche per il terzo gol segnato dall'appena entrato Giuseppe Volpecina.

Al triplice fischio finale mi commossi. In tribuna ci guardavamo l'uno con l'altro, increduli di quello che era appena successo, piangevamo e ci abbracciavamo tutti, senza nemmeno conoscerci, ma con dentro una gioia che faceva sembrare tutti come parte di una immensa famiglia. Il mio Napoli aveva preso le redini del campionato, era in testa alla classifica e tutte le squadre più blasonate stavano sotto. Ma la gioia della vittoria di quel giorno si moltiplicò per cento volte, perché a fine partita venne il momento del mio primo verocontatto con sua maestà Diego Armando Maradona.

Ricordo che mio padre, con la sua solita insistenza, era riuscito abilmente a convincere un addetto del servizio dello stadio a farci passare solo per qualche minuto, perché dovevamo incontrare un fotografo nostro parente, naturalmente del tutto inventato. Raggiunta la zona in cui era parcheggiato l'autobus del Napoli, ci sistemammo in una posizione molto privilegiata. Il tempo sembrava non passare mai, ma a poco a poco iniziarono a uscire i primi calciatori azzurri. Carnevale, commosso dalle mie grida di bambino che invocavano il suo nome, mi strinse la mano e mi accarezzò il capo, poi toccò a Caffarelli, seguito da Giordano e Ferrara. Ma del *Pibe de Oro* neanche l'ombra. Ebbi come l'impressione che il tempo scorresse più rapido, mentre il piazzale si svuotava lentamente della gente.

A un tratto, come spesso capita a un bambino, fui colto da un «attacco di pipì», quindi chiesi a mio padre dove avrei potuto farla senza però perdere di vista l'uscita degli spogliatoi. Mio padre mi mostrò un angolo poco lontano. C'era un'auto in sosta con tre persone che parlottavano tra di loro, ritornai da mio padre e, mentre stavo per spiegare che lì non ero riuscito a fare i miei bisogni, vidi una forte luce nell'oscurità che illuminava un angolo buio dello stadio. Come un vero e proprio occhio di bue, era puntata su quattro persone che uscivano da una porta secondaria, intente a raggiungere un'auto parcheggiata in fondo.

«Non posso sbagliare» pensai «quella *capa* bianca illuminata dalle luci dei lampioni è senz'altro quella di Guillermo Coppola.» Al suo fianco c'era un uomo molto più basso, con un cappello da cowboy schiacciato sulla testa.

Di scatto feci un cenno a mio padre, avendo l'accortezza, per non rovinare tutto, di non farmi vedere dalle poche persone rimaste ancora ad aspettare l'uscita di Maradona. Mio padre mi raggiunse e quando gli feci notare quell'uomo in lontananza, col cappello in testa, rispose che non era altro che una persona comune che si stava allontanando per conto suo. Non poteva essere Diego Maradona. Mi riprese per mano, dicendo che dovevamo riprendere il nostro posto se volevamo vederlo passare. Era tutto molto strano, vedevo Diego ma mio padre ripeteva che sbagliavo, non poteva essere lui. Diego mi era apparso illuminato da un raggio di sole nel buio totale della notte, pensavo. Allora presi l'iniziativa e mi liberai da papà, che insisteva sulla necessità di riprendere il nostro posto di fronte al grosso bus degli azzurri. Incominciai a correre come Speedy Gonzales, i piedi sembrava che neanche toccassero terra, mio padre mi inseguiva. Continuava a dire di fermarmi, che mi sbagliavo di grosso, che quello non era Maradona. Mi avvicinavo sempre di più a quell'auto scura, con la sola idea di coronare finalmente il mio sogno, stringere forte a me il mio amato Diego. Raggiunsi l'auto e lo chiamai a voce alta. L'uomo col cappello si girò verso di me, ma rimasi deluso nel vedere che non era il mio campione. Possibile che in quella notte torinese avessi preso un abbaglio del genere? Mio padre intanto era arrivato, e già prendeva a darmi del bambino ingenuo, quando dall'abitacolo sentii provenire una voce molto familiare. Non credevo alle mie orecchie, ma era proprio lui questa volta, e sul serio. Era la voce di Diego, che chiedeva dove fosse finito il suo cappello portafortuna.

Uscì dalla macchina per dare un'occhiata eme lo trovai finalmente di fronte. Era proprio lui. Diego Armando Maradona. Mio padre gli si avvicinò e gli disse queste testuali parole, le ricordo come se le stesse pronunciando in questo momento:

«Diego, mio figlio ti vorrebbe salutare, lo sai, esce pazzo per te!».

Diego rispose secco: «Mi vuole salutare? E dove sta il problema?». Si abbassò verso di me e abbracciandomi mi diede un bacio sulla fronte, poi si rialzò e a me cominciò a tremare la terra sotto i piedi e a girare la testa. Ero completamente paralizzato. Più che un bacio, sembrava che mi avesse dato una botta in testa. Se avessi avuto ancora dubbi, quella reazione li avrebbe dissipati del tutto: la mia passione per *'O Masto* era un sentimento vero e forte, che non mi avrebbe abbandonato più.

17
Diego, Napoli e il fisco

Diego ha passato tanti di quei guai che non basterebbe un libro a raccontarli tutti. Li ha sempre affrontati, ne è sempre venuto fuori. Ma quelli con il fisco italiano, che esigerebbe da lui qualcosa come quaranta milioni di euro, gli fanno davvero male. Lo offendono come uomo, oltre a dargli non poche noie come contribuente. Da sempre si sente impotente rispetto a certe pretese. Secondo gli esattori, non avrebbe pagato le tasse quando giocava con il Napoli. E oggi quei soldi che Diego non avrebbe versato al fisco, sono lievitati, con gli interessi, a questa cifra esorbitante. Io l'ho visto con le lacrime agli occhi mentre spiegava alle figlie che lui non è un evasore o un delinquente, che non ha mai fatto nulla di male se non contro se stesso. L'ho sentito ripetere mille volte che non sapeva nulla di queste faccende fiscali. Lui parla di persecuzione che lo fa star male. Non avevo capito fino a che punto la situazione fosse davvero così grave fino a quando non mi ci sono trovato pure io, dentro questa persecuzione.

Maradona era stato invitato a una manifestazione di beneficenza, «Giugliano Cuore Grande», organizzata da un'associazione chiamata Aspis, che doveva tenersi appunto nella cittadina di Giugliano. Era il 2006.

Eravamo tutti e due a Madrid. Diego, che poi sarebbe andato in Germania per commentare i Mondiali di calcio per una tivù spagnola, decise di accettare l'invito e il 5 giugno arrivammo in Italia. La partita però slittò al giorno successivo a causa di un violento nubifragio. Chissà, forse era un segno del destino. Comunque Maradona aveva deciso di esserci, perché l'incasso sarebbe stato utilizzato per acquistare un'ambulanza per la Croce Rossa di Giugliano.

Dopo la conferenza stampa con i giornalisti, Diego e io ci mettemmo in macchina per tornare in albergo. Ci eravamo appena avviati e percorrevamo una strada poco trafficata prima di immetterci sulla tangenziale in direzione Salerno, quando ci fermò una pattuglia della Guardia di finanza. L'approccio fu simpatico. Pensai che volessero chiedere a Diego qualche autografo. Se li fecero fare, infatti, ma poi ci invitarono ad accompagnarli in caserma. Insieme con loro, come avrei scoperto dopo un po', c'era il maggiore Geremia Guercia della Guardia di finanza, con altri due agenti della Polizia tributaria.

In caserma trovammo due ufficiali giudiziari della Gest Line (si chiamava così, all'epoca, l'agenzia che faceva da esattore delle tasse) che notificarono la cartella esattoriale a Diego e gli spiegarono che i finanzieri dovevano pignorargli qualunque cosa di valore avesse con sé, come era già accaduto qualche mese prima. A ottobre, infatti, a Diego era stato pignorato parte del compenso per la sua partecipazione alla trasmissione della Rai *Ballando con le stelle*. Così, a Giugliano gli furono slacciati dai polsi i due Rolex Submariner in acciaio che aveva acquistato in Argentina poco tempo prima. Li avrebbero scalati, dissero, dal conto di quaranta milioni di euro che il fisco italiano gli stava presentando.

Fuori della caserma c'erano tanti tifosi, perché nel frattempo si era sparsa la voce che dentro c'era Maradona. Diego era nervoso, spaventato: dopo l'arresto avvenuto a Buenos Aires quando stava male e aveva problemi di droga, il fatto stesso di essere fermato, portato in caserma, per lui era stato uno choc. Non nascondo che io stesso, quando vidi le volanti al nostro fianco, rivissi in un attimo il giorno del mio arresto e per un momento ebbi l'assurda paura che stessero cercando di nuovo me. Dopo questo brutto episodio tornammo in albergo. Diego decise che avrebbe partecipato lo stesso, l'indomani, alla manifestazione. Si trattava di beneficenza. Lui è fatto così.

Il 7 giugno 2006, allo stadio De Cristofaro di Giugliano, vicino a Napoli, in campo scese una rappresentanza degli artisti napoletani (fra loro Sal Da Vinci, Carlo Buccirosso, Eugenio Bennato) contro le «Vecchie glorie» del Giugliano. La partita finì quattro a due e Diego, che indossava una maglia con il numero 10 e i colori che ricordavano quelli dell'Argentina, segnò pure un rigore. Lo calciò alla sua maniera: palla da un lato, portiere dall'altro. L'arbitro era talmente nel pallone, forse perché c'era in campo Maradona, che ne fece di tutti i colori. Prima non si accorse che il Giugliano si presentava con tredici uomini, poi perdonò Diego per qualche piccolo fallo di mano. Alla fine, l'ambulanza fu consegnata dallo stesso Maradona, che tornò a casa senza i suoi due orologi.

Il cuore grande di Napoli, di cui ogni tanto si parla anche a sproposito, è però grande davvero, come l'amore dei napoletani per Diego Armando Maradona. I due Rolex Submariner che la Finanza aveva sequestrato, come parziale risarcimento per le tasse che si reputava che il campione argentino non avesse pagato, finirono dopo qualche tempo all'asta e se li aggiudicò il tifosissimo don Antonio di Sant'Antonio Abate, che aspetta ancora che Diego torni a trovarlo per restituirglieli.

Quel pignoramento seguiva una serie di altri episodi di confisca, e ne sarebbero seguiti altri. Mentre Diego era a Merano per delle cure e un po' di relax, gli fu tolto l'orecchino con un brillante, quello che sarebbe poi stato comprato all'asta dal calciatore del Palermo Fabrizio Miccoli. Non c'è da stupirsi che diventasse restio a venire in Italia, ormai temendo che avrebbe sempre trovato una trappola ad attenderlo. E, per lo stesso motivo, non fu facile per Angelo Pisani, il suo legale per le questioni fiscali, convincerlo a tornare a Napoli quando divenne necessario che venisse personalmente a difendersi dalle accuse di evasione fiscale.

Ero a Dubai, a casa di Diego. Fino all'ultimo non sapevamo se partire o no. Era un alternarsi di «sì, vado» e «no, non vado». Fino a quando non salimmo sull'aereo, anzi, fino a quando non sbarcammo a Fiumicino, non pensavo che davvero saremmo arrivati a Napoli. Angelo Pisani ci aspettava all'aeroporto, aveva organizzato pure un servizio d'ordine, ma, come si sparse la voce che c'era Maradona, i tifosi cominciarono ad arrivare a frotte. Emozionato, io pensavo a proteggere Diego. Si partì dall'aeroporto di Capodichino. Arrivammo a Napoli, i ragazzi sui motorini si passarono la voce, sfrecciando per strada e sbirciando nelle auto per capire dove stesse *Isso*, Maradona. Prima di arrivare in albergo, al Royal Continental sul lungomare, dove Diego aveva alloggiato quando era arrivato a Napoli per la prima volta, passammo per Fuorigrotta, davanti allo stadio San Paolo. Ebbi un tuffo al cuore a guardare quei posti dove ero entrato tante volte, prima con mio padre e poi da solo e di straforo, per gustarmi l'entrata in campo di Maradona.

Quando fummo in albergo, Diego si spaventò. Troppa folla, troppi giornalisti: gli feci da scudo, lo accompagnai nel suo appartamento. Intorno era il delirio. Io avevo una suite che comunicava con la sua, ma la sera, quando rientrammo dopo essere stati a cena da Peppe Bruscolotti e dopo aver salutato Angelo Pisani che aveva organizzato tutto, mi accorsi che la porta fra i nostri appartamenti non si apriva. Mi prese l'ansia e mi dissi: «E se Diego dovesse aver bisogno di me?». Il giorno successivo sarebbe stato importante, in programma c'era la conferenza stampa con Pisani e con l'altro avvocato, Angelo Scala. Bisognava spiegare ai napoletani la verità sulla questione dei debiti con il fisco. Allora mi buttai sul divano del salotto della sua suite e lì mi addormentai. Così lo sorveglio da vicino, pensai.

Tutto il resto, direbbero i giornalisti, è cronaca. E che cronaca! I tifosi bloccarono il traffico nel centro di Napoli per vederlo anche solo per un istante. Era davvero il delirio. Sembrava di essere tornati indietro nel tempo. Iniziò la conferenza stampa e io non sentii nulla. Ero dietro al tavolo dove stavano seduti Diego e i suoi avvocati ed ero troppo occupato a guardargli le spalle per capire quello che dicevano. A un certo punto sentii i giornalisti fare i coretti da tifosi. Mai visto prima. Maradona si commosse. Angelo Pisani aveva fra le mani una maglia azzurra con il numero 10 e gliela passò.

Adesso sì che Diego si sentiva davvero nella sua Napoli, quella città dalla quale era scappato anni prima nella totale indifferenza dei dirigenti della squadra e nella disperazione più cupa dei tifosi. Più tardi, prima di partire, sentii Diego dire alla giornalista Anna Maria Chiariello, che ha anche curato questo libro: «Anna, parto da Napoli con il cuore gonfio così. Sono triste e commosso per questa accoglienza». Era felice ed emozionato come non lo avevo mai visto. E le tasse? Quella è un'altra storia, che prima o poi sarà risolta. Ne sono sicuro. E Diego da questo punto di vista è in buone mani.

18
Calcio & dintorni

Non voglio certo mettermi a pontificare sul calcio, non mi sento all'altezza, anche se conosco tutto quello che Diego ha fatto negli anni napoletani, e non solo, a menadito: potrei citare date, nomi, luoghi di qualunque partita, anche amichevole, senza sbagliare mai. Però mi fa piacere raccontare del nostro rapporto con lo sport più in generale, oltre che delle avventure goliardiche e del periodo più difficile della nostra vita.

Il golf, per esempio. Per un lungo periodo Diego è stato convinto di essere un grande golfista, poi bravino lo è diventato davvero dopo un continuo giocare, ore e ore a colpire palline in qualsiasi parte del mondo... Costringeva tutti ad andare sui campi a qualunque ora del giorno e della notte, anche con poca luce, quando non si vedeva un accidente: lui tirava fuori della sua borsa da golf le palline fluorescenti, che si vedono anche al buio e si ricaricano mettendole nel surgelatore.

In quei giorni era veramente una fatica stargli dietro. Solo se eri drogato come noi potevi passare ore e ore su un campo da golf. Erano giornate interminabili e ogni scusa per allontanarsi era buona per Guillermo Coppola, che poi tornava quando ormai stavamo già andando a casa. Ricordo che Diego per «punirlo», visto che era mancato per tutto il pomeriggio, lo mandava a reggere il palo con la bandierina: Guillermo la doveva sventolare in modo che Diego potesse vederla e colpire in quella direzione, con il rischio che la palla gli arrivasse in testa. E ogni qualvolta mi avvicinavo a Coppola lui mi prendeva sottobraccio e mi diceva:

«*Este pibe esta enfermo, me quiere matar* (questo *pibe* è matto, vuole uccidermi)*!*».

Alla fine, comunque, tutti lo assecondavamo perché era Maradona. In quel periodo capitò davvero di tutto e in un ambiente ovattato, silenzioso, elegante come quello del golf noi casinisti finivamo sempre per fare qualche pasticcio. Ricordo un episodio in particolare, su un green di non so quale parte del mondo ma da professionisti seri, diciotto buche nel verde a perdita d'occhio. Diego e io avevamo giocato fino a poco prima. A guardarci, facevamo davvero pena: non avevamo niente a che fare con i veri golfisti. Loro sono sempre eleganti, compìti come il loro mondo. Noi eravamo sempre ubriachi di birra o pieni di *neve*, gli occhi ancora impastati di sonno per le notti brave e con addosso delle maglie troppo strette o troppo corte per i nostri addomi prominenti.

Guillermo Coppola quel giorno mi aveva chiesto di preparare qualcosa da mangiare per Diego. E io che cosa feci? Mi industriai da buon ristoratore italiano e mi presentai alla buca numero 4 con una calda e profumata pasta e fagioli. La cosiddetta pasta napoletana *ammiscata*, cioè mischiata, mica una pasta qualunque. Non era certo la prima volta che il mio campione voleva che cucinassi per lui: quando arrivavo all'aeroporto José Martí a Cuba, Diego mi faceva venire a prendere fin sulla pista con l'auto diplomatica che gli era stata messa a disposizione da Fidel Castro. In questo modo io riuscivo a portare dall'Italia qualsiasi pietanza senza passare dalla dogana. Insomma, lasciavo il mio ristorante e a distanza di migliaia di chilometri mi ritrovavo a cucinare ancora.

Ritornando alla pasta e fagioli fumante servita sul campo da golf, ricordo che non mi limitai alla pietanza, ma portai con me una tovaglia con gli stessi colori della bandiera argentina e le posate del mio ristorante. Diego stava giocando con due ambasciatori, serissimi, eleganti: si può immaginare la faccia di Coppola quando spuntai con tutto quell'armamentario. Noi ci ficcammo in macchina per mangiare ridendo come pazzi. Peccato, perché sono ancora convinto che i due diplomatici avrebbero gradito la mia ottima pasta e fagioli.

Oltre al golf, altro capitolo dolente è il calcio-tennis. Eravamo a Cuba, su un campetto improvvisato fuori della Casa 2 della Pradera. Giocavamo Coppola e io contro Diego e il suo amico Mariano, un medico. Con una furbata, riuscii a mortificare Maradona e soprattutto a farlo andare in bestia. La partita iniziò e io, ogni volta che dovevo battere, lo facevo sempre nella stessa posizione, in modo tale da costringere Diego a colpire la palla con l'esterno del piede sinistro, in una posizione tale da obbligarlo a uscire dal campo. Non sempre gli riusciva e io, che avevo capito, battendo sempre lì feci punto. Vidi Diego dall'altra parte del campo diventare sempre più rosso in volto.

Una, due, tre volte... alla quarta si inferocì a tal punto che afferrò la palla, mi si avvicinò e mi disse:

«La prossima volta che mi tiri il pallone qui, prima ti do un pugno sui denti, poi non ti faccio mai più giocare con me».

Se non fosse stato così furibondo, sarei scoppiato a ridere di nuovo.

E lui continuò in argentino: «In quarant'anni di calcio nessuno mi ha mai preso per il culo così e non sarai certo tu a cominciare!».

19
Ultimo minuto

Diego e io eravamo nella suite all'ottavo piano del famoso Hotel Royal, a Napoli, e, guardando il golfo della mia bella terra aprirsi davanti ai nostri occhi, dall'alba al tramonto sentivamo le grida di un centinaio di tifosi scalmanati che intonavano a squarciagola canti per il loro – e mio – eroe.

Come ho già raccontato, era stato con grande rammarico che qualche anno prima, il 9 giugno del 2005, avevo perso l'appuntamento al San Paolo con Diego per la celebrazione dell'addio al calcio da parte di Ciro Ferrara. Maradona aveva partecipato per rendere omaggio al grande Ciro e per salutare gli oltre sessantamila spettatori, accorsi al San Paolo per vederlo ritornare a calpestare l'erba dello stadio partenopeo esattamente dopo quattordici anni di assenza. Ricordo che già l'anno prima Diego e io eravamo passati in macchina davanti al San Paolo e, andando all'Hotel Royal, lui, con gli occhi lucidi per l'emozione, mi aveva detto: «Ti ricordi, *'o fra'*, per quella partita al mattino erano stati venduti solo ventunmila biglietti, ma nel pomeriggio, quando si seppe che ci saresti stato anch'io, si arrivò a oltre sessantamila. E tu? *Como un boludo estaba detenido en casa* (come un coglione eri detenuto in casa)».

Mi ripromisi che presto sarei ritornato al San Paolo con Diego e nel febbraio 2014, in occasione della festa di San Valentino, l'occasione si presentò quando tornammo a Roma da Dubai, con il nostro solito volo in prima classe con Emirates. Arrivammo in serata nella capitale. Diego il giorno seguente doveva presentarsi in un distretto di polizia per essere interrogato da un p.m., per una delle sue tante cause in Italia: una di quelle cause ingiuste ancora pendenti a causa della poca attenzione di Diego, che non risolve mai a fondo le sue cose personali, ma soprattutto per colpa di certi suoi vecchi amici, manager e professionisti vari, che negli anni passati hanno solo pensato a occuparsi delle proprie tasche, cercando di spolpare Maradona e lasciandolo in balia dei processi e dei guai giudiziari.

Arrivammo a Fiumicino, dove ci venne a prendere il nostro amico, l'avvocato Angelo Pisani, e subito ci dirigemmo verso l'Hotel Eden di Roma, dove avevamo riservato qualche suite e qualche camera per la nostra comitiva. Appena arrivati, ecco uscire un coniglio dal cilindro di Diego, così come usa fare lui. Mi prese da parte e mi disse:

«*'O fra'*, ti devo chiedere una cosa, fammi un favore: ho letto sul giornale che questa sera il Napoli gioca al San Paolo contro la Roma la semifinale di coppa Italia e voglio andarla a vedere; però mantieni il segreto, così facciamo una sorpresa a tutti i tifosi del Napoli».

Una sorpresa per modo di dire, visto che già nel tragitto in autostrada Angelo Pisani riuscì a scaricare ben due batterie di telefonini avvisando gli amici e le radio e rilasciando anche interviste varie. Il giorno dopo, su tutti i giornali si parlava del magico ritorno di Maradona a Napoli.

In macchina eravamo diverse persone, noi e tre ragazzi venuti dall'Argentina, più la scorta; arrivati sul raccordo anulare, rimanemmo bloccati in una coda per quasi due ore. D'altronde, Dieguito si era deciso ad andare a vedere la partita un po' tardi, come suo solito: avevamo lasciato l'albergo alle sette meno dieci, come potevamo pensare di arrivare in un'ora e mezza a Fuorigrotta? In ogni caso, la strada pian piano si sbloccò e noi cominciammo a mettere fretta all'autista, chiedendogli di accelerare il più possibile perché altrimenti non saremmo mai arrivati in tempo.

Accesi il mio iPad e almeno incominciammo a vedere in diretta la partita. Erano le nove meno un quarto ed eravamo ancora ben lontani dal San Paolo. Mi resi conto che almeno il primo tempo sarebbe andato a farsi benedire, ma la nostra partita era già in macchina, con Diego che immaginava il campo. Lui e io avevamo preso posto dietro a tutti nel van della Mercedes e guardando le immagini dal vivo del San Paolo incitavamo il nostro Napoli. Per fortuna, al trentatreesimo minuto José Callejón mise il pallone alle spalle di De Sanctis, facendo esultare lo stadio, e noi tutti, stretti nel van, incominciammo ad abbracciarci come se fossimo allo stadio anche noi. L'atmosfera e le sensazioni erano indescrivibili.

Dopo il gol, Diego mi fece l'occhiolino, spingendomi ad attaccare qualche coro di incitamento agli azzurri, e io subito partii:

«*'A bandiera tutta azzurra / Ca rassumiglia 'o cielo / E 'o mare 'e sta città / Forza Napoli / Rint'all'uocchi'e ste guaglione / Ca se scordano 'e problemi / E si mettono a canta'*» e qui tutti insieme, argentini compresi, «*Napoli Napoli Napoli / Quei ragazzi della curva B oh oh / Napoli Napoli Napoli / Nu striscione rice siamo qui / Oh alé oh oh / Alé alé ah oh*».

Fu un momento esaltante in macchina, sembravamo dei bambini. Intanto, dopo due ore e mezza di autostrada, finalmente imboccammo lo svincolo della tangenziale in direzione Fuorigrotta. Dopo dieci minuti arrivammo al casello, dove una pantera della Polizia ci aspettava in una strada deserta, praticamente in una città fantasma di quelle che si vedono nei fumetti di Tex. A Napoli, erano tutti pigiati nella bolgia del San Paolo o attaccati a un televisore a tifare per gli azzurri.

L'ispettore alla guida dell'auto della Polizia, che era rimasto in contatto con Angelo per tutto il viaggio, ci precedette deciso a scortarci fin davanti alla tribuna vip del San Paolo. Nel frattempo era finito il primo tempo. La notizia della presenza di Maradona stava già facendo il giro di Napoli. Un po' alla volta, i tifosi lasciarono tutto e incominciarono a uscire. Che cosa li aveva incuriositi? Forse l'imponente presenza di uomini delle forze dell'ordine attorno alla nostra auto, che nel frattempo avevamo parcheggiato davanti all'entrata. Si accalcarono per aprire per primi lo sportello e accompagnarci all'interno dello stadio. Nel giro di pochi secondi si erano moltiplicati come le formiche. Forse non credevano ai propri occhi, nel vedere Diego al San Paolo.

Finalmente eravamo all'interno dello stadio ad aspettare il via dei poliziotti, che tentavano di trattenere i tifosi ormai scalmanati perché potessimo entrare in tribuna. Tra le forti emozioni di quell'accoglienza, ammetto che non mancava un po' di paura. A questo punto era chiaro: dall'auto con i vetri scuri era davvero sceso Diego Armando Maradona. Si scatenò il finimondo. I tifosi si misero a cantare e invocare il nome di Diego, facendo di tutto per avvicinarsi sempre di più.

La polizia, nel frattempo, creò un varco insieme con gli steward e noi, scesi dall'auto, tentammo di avanzare in quest'ordine: Alejo e Rodolfo davanti, poi Diego stretto al centro, con mille mani che cercavano di toccarlo, e a un palmo l'avvocato Pisani e io spintonati a destra e sinistra, gli altri dietro. Ma avevamo appena mosso i primi passi quando fummo scaraventati dalla massa di persone direttamente all'interno della tribuna senza che nemmeno posassimo i piedi per terra, storditi dalle grida assordanti che invocavano a squarciagola Diego Diego Diego Diego.

Un vero manicomio. Superato il varco esterno, dentro trovammo un gruppo di persone stupefatte e immobili, tutte girate a guardarci. Tra i primi che si riscossero abbastanza da venire a salutarci fu il presidente Aurelio de Laurentiis, che fece gli onori di casa e, dopo averci offerto un aperitivo di benvenuto, ci accompagnò a prendere posto sulle poltroncine vicino a lui. Appena mettemmo piede all'esterno della tribuna, si scatenò di nuovo il finimondo e la gente incominciò a spingere: Alejo e Rodolfo furono scaraventati per terra. Per nostra fortuna Diego e io eravamo super scortati e quindi riuscimmo a trovare posto nelle prime poltroncine. Angelo si mise a sedere davanti e ci fece da scudo con i tifosi, che continuavano a gridare e cantare senza più guardare la partita, ma solo Diego, il sogno di tutti i napoletani.

In quel momento la mia gioia raggiunse l'apice, l'adrenalina mi si diffuse nel sangue. Ormai proprio tutto lo stadio aveva capito che finalmente era tornato il re, *'O Masto*, e tutti i sessantamila del San Paolo incominciarono a cantare: «O mamma mamma mamma/ O mamma mamma mamma / Sai perché mi batte il corazón? / Ho visto Maradona / Ho visto Maradona / Eh, mammà / Innamorato son».

Le squadre avevano ripreso posizione in campo ma la gente continuava a inneggiare a Maradona, mentre la mia emozione, se possibile, cresceva di fronte a quel mare di facce e di voci. Non riuscivo a crederci: ero all'interno del San Paolo con il mio amico fraterno, con il mio idolo, il mito di tutti noi. Finalmente, dopo tanti anni, ce l'avevo fatta.

I giocatori del Napoli, sentendo i cori, rivolsero tutti gli sguardi verso la tribuna vip per poter scorgere un'immagine di Diego: quasi si dimenticavano della partita, pur di vederlo. Ma erano in campo e dovevano giocare per vincere e regalare la vittoria al re. Così i ragazzi azzurri si concentrarono rapidamente e, nel giro di due minuti, prima Higuaín e poi Jorginho stesero la Roma: i giocatori fecero a Diego questo grande regalo, due gol in altrettanti minuti, e fu subito festa. La magia era servita. Il Napoli si avviava alla finale di Coppa Italia del 3 maggio, proprio il giorno del mio compleanno.

Diego trovò il tempo, in mezzo a tanta confusione, di mettermi un braccio intorno alle spalle e mi disse all'orecchio che io sono stato sempre fortunato. Lo sapevo già da tempo, ma questo ingresso trionfale era senz'altro uno di miei, anzi dei nostri, colpi migliori di sempre. Che culo, che culo, ripeteva Diego nel mio orecchio sinistro, mentre il destro era praticamente assordato dai sessantamila tifosi che incominciavano a cantare *'O surdato 'nammurato*: «*Oje vita, oje vita mia...*». Anche Diego e io, con i nostri amici, ci unimmo al coro. Ormai era festa grande, non ci fermavamo più.

La gente era impazzita, voleva toccare anche solo per un secondo Diego, fare una foto con lui, stringergli la mano, ma lui era mio e questa era anche la mia festa, che sembrava organizzata apposta per me. Lui, vedendomi intontito in mezzo a tanta confusione, mi disse:

«*'O fra', te gustó esta noche? Nunca te la vas a olvidar en tu vida* (ti è piaciuta questa serata? Non la dimenticherai per tutta la vita)».

Io lo guardai, ma c'era troppa confusione e decisi di riservarmi la risposta per quando fossimo stati di nuovo in macchina. Intanto eravamo quasi al quarantaduesimo minuto e decidemmo di alzarci e salutare tutti i presenti. Diego, si mise in piedi su una poltrona e fece il gesto di inchinarsi davanti all'intero San Paolo: ai suoi tifosi, al suo stadio, a tutti coloro che in tutti questi anni non lo hanno mai tradito neanche solo per un momento e gli sono stati sempre vicino. D'altronde, Diego è il nostro re: solo se sei napoletano puoi comprendere che cosa voglia dire per noi il nome Maradona.

Nel frattempo, con l'aiuto dei poliziotti e dribblando la folla, lasciammo le poltrone per dirigerci al lungo tunnel che una volta conduceva le squadre in campo e Diego notò che era tutto cambiato rispetto all'epoca in cui giocava lui: colorato, moderno e più bello. Ci infilammo rapidamente tutti in macchina per fare subito ritorno a Roma. Fummo costretti a scappare. Se fossimo rimasti ancora qualche minuto, avremmo rischiato di rimanere ore nel traffico, senza contare che saremmo stati assaliti dai tifosi innamorati.

Lasciammo il San Paolo ancora tutto illuminato e la gente che continuava a cantare «Diego, Diego». Eravamo scortati da due gazzelle della Polizia e io, mentre imboccavamo la tangenziale per lasciare Fuorigrotta, immaginavo che Diego si fosse dimenticato di quando mi aveva chiesto: «*Te gustó esta noche?*». Ero appoggiato con il viso al finestrino e guardavo fuori, immerso nei miei pensieri.

Mi sentii toccare sulla spalla e Diego mi guardò e mi sorrise.

«Allora, *como la viviste* (come l'hai vissuta)?»

E che ti devo dire? Questa notte mi hai fatto il più bel regalo della mia vita. Una magia alla Maradona, non potrò mai dimenticarla. Questa notte sarà per me *inolvidable*, come dici tu. Sognavo questo momento da anni e questa sera il mio sogno si è avverato.

Tu e io insieme nello stadio San Paolo, per quante notti da piccolo l'ho sognato e da grande l'ho sperato. Ma questa volta non è stato né un sogno né una speranza, questa volta è stata realtà. Per questo sono io che ti dico: grazie, *'o fra'*!

APPENDICI

La foto ricordo
di Ciro Ferrara

Negli anni in cui Maradona è stato a Napoli, il sottoscritto insieme con qualcun altro è stato uno dei compagni di squadra che hanno diviso più da vicino le giornate e anche le notti con lui, così mi è stato chiesto più volte dalle persone amiche quale fosse l'aneddoto più curioso e il ricordo più forte che avessi di Diego Maradona. Ne avrei tanti da raccontare. Comici, curiosi, seri: tanti, veramente tanti. E tutti sono ancora scolpiti nella mia mente.

Questo episodio forse è molto semplice per qualcuno, ma per il sottoscritto ha un valore immenso e ancora oggi lo conservo nella mente con tutto il mio amore. Vado indietro di qualche anno, esattamente al 5 luglio 1984. Esatto, proprio il giorno dell'arrivo del signor Diego Armando Maradona. La sua famosa presentazione a Napoli... Ricordo che noi tutti eravamo lì ad aspettare con ansia che Diego uscisse dal sottopassaggio del San Paolo, ma come suo solito si faceva già attendere. Sugli spalti c'erano sessantamila persone, c'ero anch'io, ma per mia fortuna non sulle gradinate ammassato con i tifosi, bensì in campo. Non ero un privilegiato, ma già allora incominciavo a giocare nelle giovanili del Napoli e proprio in quel giorno vincevo il mio primo trofeo, che sarebbe stato seguito da tanti altri ancora più importanti.

Entro un attimo nel clima di quei giorni: in città non si parlava d'altro, tanti dicevano la loro su quando e come sarebbe stata la presentazione di Diego al San Paolo... Qualcuno diceva che sarebbe giunto dal cielo, in elicottero, altri che sarebbe arrivato in auto e via dicendo. Mentre si chiacchierava di tutto questo, io mi ritrovai allineato con i miei compagni, allievi del Napoli neo campione d'Italia, sull'erba del San Paolo. L'atmosfera era incredibile, lo stadio pieno di gente che gridava continuamente invocando il nome di Maradona: «Diego olé, olé, olé, olé, Diego, Diego».

Mi tremavano le gambe: io ero un ragazzino appena diciassettenne, non ero ancora abituato a un ambiente simile. Mentre pensavo questo, vidi Diego sbucare dal sottopassaggio e venirmi incontro: ancora oggi il solo pensiero di quel momento per me è un'emozione grandiosa. Diego Maradona mi stava premiando come il capitano degli allievi campioni d'Italia del Napoli: mi venne incontro, si complimentò con tutti e arrivando davanti a me disse:

«Complimenti, capitano!».

Ricordo che pensai: chissà se sono veri i complimenti che mi sta facendo questo campione!

Dopo essere stato premiato da Maradona e aver avuto la fortuna di vederlo da vicino nel momento del suo arrivo a Napoli, qualche giorno dopo fui addirittura convocato a far parte della rosa della prima squadra dei giocatori per il ritiro pre-campionato a Castel del Piano. Passai circa un mese insieme con tutta la comitiva azzurra, ma per l'allora giovane Ferrara gli occhi erano puntati giornalmente sulle prodezze che Diego usava fare col pallone, deliziandoci tutti con il suo sinistro.

Dopo qualche anno – intanto ero cresciuto ed ero entrato a far parte della squadra titolare del Napoli – un bel giorno Claudia, la moglie di Diego, mi fece un regalo che non avrei mai immaginato: tirò fuori da una busta di carta gialla una fotografia, ma non una qualsiasi, come le tante altre che ormai mi ritraevano in campo con Diego durante una partita col Napoli, bensì una datata 5 luglio 1984, il giorno della presentazione di Diego Maradona. Nella foto è immortalato il momento in cui sto ricevendo da lui la medaglia di premiazione e i suoi complimenti.

Da quel giorno ne è passato di tempo, ero appena un ragazzino diciassettenne, ma con Diego siamo rimasti ancora oggi molto legati, spesso ci sentiamo al telefono, appena ne ho la possibilità lo raggiungo quando si fa vivo qui in Italia e altrimenti mi basta anche vederlo solo qualche minuto in tivù, quando rilascia un'intervista. Ho imparato tanto da lui, soprattutto dal lato umano, visto che imitarlo nelle gesta di calciatore mi è venuto molto difficile...

Comunque non potrò mai dimenticare Diego, persona e calciatore, anche perché dove non arriva il pensiero arrivano i miei occhi. Perché quella foto regalatami da Claudia, scattata il 5 luglio 1984 alle sei e venti del pomeriggio, da buon napoletano e amico di Diego, la tengo ben esposta in cornice a casa mia.

La lealtà di Diego
di Gianni Minà

Con Maradona il mio rapporto è stato sempre molto franco. Io rispettavo il campione, il genio del pallone, ma anche l'uomo, sul quale sapevo di non avere alcun diritto solo perché lui era un personaggio pubblico e io un giornalista. Per questo credo che lui abbia sempre rispettato anche i miei diritti e la mia esigenza, a volte, di proporgli domande scabrose.

So che la comunicazione moderna spesso crede di poter disporre di un campione, di un artista, soltanto perché la sua fama lo obbligherebbe a dire sempre di sì alle presunte esigenze giornalistiche e commerciali dell'industria dei media. Maradona, che ha spesso rifiutato questa logica ambigua, è stato tante volte ingiustamente criminalizzato. Una sorte che non è toccata invece, per esempio, a Platini, che come Diego ha detto sempre no a questa arroganza del giornalismo moderno, ma ha avuto l'accortezza di non farlo brutalmente, muro contro muro, bensì annunciando, magari con un sorriso sarcastico, al cronista prepotente o pettegolo:

«Dopo le stronzate che hai scritto oggi, sei squalificato per sei mesi. Torna da me dopo questo tempo».

Era sicuro, l'ironico francese, che non solo il

suo interlocutore assalito dall'imbarazzo non avrebbe replicato, ma che la Juventus lo avrebbe protetto da qualunque successiva polemica. A Maradona questa tutela non è stata concessa, anzi. Eppure nessuno, né il presidente Ferlaino, né i suoi compagni (che per questo ancora adesso lo adorano), né i giornalisti, né il pubblico di Napoli, ha mai avuto motivo di dubitare della lealtà di Diego.

Io, in questo breve ricordo, a conferma di questa affermazione, voglio segnalare un semplice episodio riguardante il nostro rapporto di reciproco rispetto.

Per i Mondiali del '90, con l'aiuto del direttore di Rai Uno Carlo Fuscagni, mi ero ritagliato uno spazio la notte, dopo l'ultimo telegiornale, dove proponevo ritratti o testimonianze dell'evento in corso al di fuori delle solite banalità tecniche o tattiche. Questa piccola trasmissione aveva suscitato però il fastidio dei giovani cronisti d'assalto (diciamo così...) che in quella stagione occupavano, senza smalto, tutto lo spazio possibile a ogni ora del giorno e della notte. La circostanza non era sfuggita a Maradona ed era stata sufficiente per avere tutta la sua simpatia e collaborazione.

Così, nel pomeriggio prima della semifinale Argentina-Italia, allo stadio di Fuorigrotta di Napoli, davanti a un pubblico diviso fra l'amore per la nostra Nazionale e la passione per lui, Diego mi promise per telefono:

«Comunque vada, verrò al tuo microfono a darti il mio commento. E, tengo a precisare, solo al tuo microfono».

La partita andò come tutti sanno. Gol di Schillaci e pareggio di Caniggia per un'uscita un po' avventata di Zenga. Poi supplementari e calci di rigore, con l'ultimo, quello fondamentale, messo a segno proprio da quello che i napoletani chiamavano ormai *Isso*, cioè Lui, il dio del pallone. L'atmosfera rifletteva un grande disagio. Maradona, per la seconda volta in quattro anni, aveva riportato un'Argentina peggiore di quella del Messico alla finale di un Mondiale, che la Germania qualche giorno dopo gli avrebbe sottratto, per un rigore regalato dall'arbitro messicano Codesal. Questi era genero del vicepresidente della Fifa Guillermo Canedo, sodale di Havelange, il presidente brasiliano del massimo ente calcistico, che non avrebbe sopportato due vittorie di seguito dell'Argentina durante l'ultima parte della sua gestione.

C'erano tutte le possibilità, quindi, che Maradona disertasse l'appuntamento. E, invece, non feci in tempo a scendere negli spogliatoi che dall'enorme porta che divideva gli stanzoni delle docce dalle salette delle tivù comparve, in tenuta di gioco, sporco di fango e erba, Diego che chiedeva di me, dribblando perfino i colleghi argentini. C'era, è vero, nel suo sguardo un'espressione un po' ironica di sfida e di rivalsa verso un ambiente che in quel Mondiale non gli aveva perdonato nulla, ma c'era anche il suo culto per la lealtà, che, per esempio, lo ha fatto espellere dal campo solo un paio di volte in quasi vent'anni di calcio.

Cominciammo l'intervista, la più ambita al mondo, in quel momento, da qualunque network. Era un programma registrato, che doveva andare in onda mezz'ora dopo, perché più di trent'anni di Rai non mi avevano fatto meritare l'onore della diretta, concessa invece al cicaleccio più inutile. Ma a metà del lavoro fummo interrotti brutalmente non tanto da «bisteccone» Galeazzi (al quale per l'incombente tg Diego concesse un paio di battute), ma da alcuni di quei cronisti d'assalto, che già giudicavano la Rai cosa propria e che, pur avendo una postazione vicina ai pullman delle squadre, volevano accaparrarsi anche quella dove io stavo «confessando» Maradona. Anzi, pretendevano anche loro il suo commento.

El Pibe de Oro fu secco:

«Sono qui per parlare con Minà. Sono d'accordo con lui da ieri. Se avete bisogno di me, prendete contatto con l'ufficio stampa della Nazionale argentina. Se ci sarà tempo, vi accorderemo qualche minuto».

Aspettò in piedi, vicino a me, che l'intervista con un impavido dirigente del calcio italiano, disposto a parlare in quella serata di desolazione, terminasse, poi si risedette, battemmo un nuovo ciak e terminammo il nostro dialogo interrotto. Quella testimonianza speciale, di circa venti minuti, fu richiesta anche dai colleghi argentini e andò in onda (riannodate le due parti) dopo il telegiornale della notte. Fu un'intervista unica e giornalisticamente irripetibile, solo per l'abitudine di Diego Maradona a mantenere le parole date. Una dote del discusso grande campione argentino, che molti purtroppo continuano a dimenticare e a non apprezzare.

Ringraziamenti

Ringrazio Diego Maradona che mi ha dato la possibilità di essere suo amico e di realizzare il mio sogno. Mia madre che mi ha fatto nascere già tifoso del Napoli e di Maradona, mio padre che mi ha portato in giro per l'Italia a vedere le partite del Napoli negli anni d'oro, quando ero bambino, fino a quando la nostra squadra raggiunse il tanto sospirato scudetto. Ringrazio vivamente Claudia Villafane, ex moglie di Diego Armando Maradona, che fu la prima a darmi la possibilità di far parte della *flia* (famiglia), come dicono loro, del mio campione. Grazie a Ciro Ferrara e a Gianni Minà per il loro cortese contributo nel raccontare le loro storie e i loro pensieri su Diego Maradona. Ad Anna Maria Chiariello che ha creduto nel mio progetto sin dall'inizio e lo ha curato. Ad Angelo Pisani perché segue e cura le vicende legali del mio amico Diego e per la pazienza e la tenacia dimostrata in molti momenti.

L'autore

Sono nato a Napoli: e dove, sennò? La passione per il Napoli, per Maradona era già nel mio Dna... Ultimo di sei figli, concepito dopo nove interruzioni di gravidanza, ho visto la luce nell'ospedale degli Incurabili. Pensate un po'. Già da bambino pensavo solo al calcio: tornavo a casa da scuola, lanciavo la cartella dei libri a mia madre e lei mi buttava giù il pallone, ma, quando a gennaio veniva a parlare con i professori, incredibilmente le dicevano che andavo benissimo. La mia vita è sempre stata così: ho fatto tante cose, tutte insieme. Credo di aver vissuto due vite. Ho girato il mondo e adesso che ho quarant'anni ho perso il conto dei viaggi che ho fatto.

Oggi mi occupo del mio lavoro, ma trovo sempre il tempo di scappare per vedere qualche partita del Napoli o andare a trovare Diego. Da quattro anni al mio fianco vive Yuliya Ryzhenko, che mi aiuta con il mio lavoro in pizzeria a Catanzaro Lido. Ha venticinque anni, è bionda e bellissima, e non fa altro che dannarsi per le mie fughe e per il mio comportamento. Chissà quanto resisterà, infatti mamma mi dice sempre: «Che cosa aspetta? *Che tu crisce* (che tu cresci)? Se non è cresciuto tuo padre fino a settant'anni, che speranze ha Yuliya con te? Povera guagliona, ha passato *'stu guaio!*». A tutt'oggi non ho figli, ma nel frattempo ho preso un cane che ovviamente si chiama Diego: sa già che prima o poi dovrà cedere il suo nome a mio figlio, quando nascerà, perché il padrino del mio bambino sarà un signore che si chiama Diego Armando Maradona. Intanto, nessuno meglio di me sa che la mia vita è così perche *'a capa mia è 'na sfoglia 'e cipolle*!

Finito di stampare
nel mese di Aprile 2015